KB211931

도스토옙스키,
지옥으로 추락하는 이들을 위한 신학

에두아르트 투르나이젠

도 스 토 옙 스 키
DOSTOJEWSKI

지옥으로 추락하는 이들을 위한 신학

손성현 옮김 | 김진혁 해제

포이에마
POIEMA

일러두기

1. 이 책은 다음 책을 옮긴 것이다.
   Eduard Thurneysen, *Dostojewski* (München: Christian Kaiser Verlag, 1922[1921])

2. 각주에서 역주 표시가 없는 주는 모두 원주이며, 본문과 각주에서 역자의 부가적인 설명이 필요한 경우 [ ] 안에 서술하였다.

3. 본문 중에 인용된 성경은 때에 따라 다른 번역본을 사용하였으며, 부분적으로 문맥상 더 적합한 말로 바꾸기도 하였다.

도스토옙스키, 지옥으로 추락하는 이들을 위한 신학

에두아르트 투르나이젠 지음 | 손성현 옮김 | 김진혁 해제

1판 1쇄 발행 2018. 10. 30. | **1판 2쇄 발행** 2019. 1. 4. | **발행처** 포이에마 | **발행인** 고세규 | **편집** 임솜이 | **디자인** 이은혜 | **등록번호** 제300-2006-190호 | **등록일자** 2006. 10. 16. | 종로구 북촌로 63-3 우편번호 03052 | 마케팅부 02)3668-3260, 편집부 02)730-8648, 팩시밀리 02)745-4827

값은 뒤표지에 있습니다. ISBN 979-11-5809-081-4 03230 | 독자의견 전화 02)730-8648 | 이메일 masterpiece@poiema.co.kr | 좋은 독자가 좋은 책을 만듭니다. | 포이에마는 독자 여러분의 의견에 항상 귀를 기울이고 있습니다.

이 도서의 국립중앙도서관 출판시도서목록(CIP)은 서지정보유통지원시스템 홈페이지(http://seoji.nl.go.kr)와 국가자료공동목록시스템(http://www.nl.go.kr/kolisnet)에서 이용하실 수 있습니다. (CIP제어번호: CIP2018033263)

차례

그 실험이 어떤 인상을 남겼다면,
그것은 한때 야생의 삶을 살았으나
안전한 현실에 길들여진 새 한 마리가
갑자기 자기 머리 위에서
자기와 똑같은 야생 새의 날갯짓 소리를 듣고는
자기도 모르는 사이에 날개를 퍼덕이게 된 것과 같다.
그 소리는 두려움이지만
동시에 황홀한 유혹이다.

키르케고르

1

인간이란 무엇인가

안전한 인간성의 세계, 예컨대 전쟁이라는 것을 모르는 평온한 바닷가의 세계에만 머무르던 사람이 도스토옙스키를 만난다면? 그는 자기가 여태껏 강아지나 고양이, 닭이나 말 같은 가축들이나 보면서 살았는데 갑자기 야생의 세계가 눈앞에 펼쳐지는 듯한 느낌이 들 것이다. 아무것도 예상하지 못한 상태에서 전혀 길들여지지 않은 맹수들과 마주한 느낌이랄까? 느닷없이 재규어, 퓨마, 호랑이, 악어가 나타난다. 뱀들이 우글거리고 독수리와 콘도르 떼가 어지럽게 날개를 퍼덕인다. 아직 제압되지도, 포획되지도, 갇히지도 않고, 수백 겹의 안전장치로 마비되거나 속박되지도 않은 자연의 섬뜩한 광포함, 생소함, 불가사의함이 그를 사로잡는다. "그는 원시의 영역에 발을 디뎌놓은 것"(슈테판 츠바이크)이다. 사람들이 살고 있는 친숙하고 온화한 땅은 이제 아득하기만 하다. 그는 우리가 아는 인간성의 최종 경계선 너머로 나아가 어떤 인간의 얼굴을 보고 깜짝 놀라게 된다. 알면서도 모르고, 모르면서도 아는 얼굴이다. '인간'이라는 명칭은 공유하지만 그 명칭과 결부된 모든 개념 너머에 존재하는 인간이다. 선과 악, 영리함과 우매함, 아름다움과 추함 너머의 인간이다. 심지어 국가와 가족, 학교와 교회 너머에 존재하는 것처럼 보인다.

그 사람이 야수의 세계에서 집으로 돌아와 다시 잘 길들여진 짐승들을 보게 되었다고 하자. 이전에는 그지없이 온화하게만 느껴지던 가축들의 모습에서 원시 세계의 야수성이 드러나는 것을 본다. 안전한 자기 집에 있는데도 불현듯 예기치 못한 위험스러운 가능성들이 도사리고 있음을 의식하게 된다. 도스토옙스키의 작품이 그리는 세계와 그곳에 등장하는 인간들과 대면할 때 비밀스러운 공포와 전율이 일어나는 것도 이와 비슷할 것이다.

"혼돈 속을 들여다보는 것Blick ins Chaos"은 후폭풍이 뒤따르는 일이다. 헤르만 헤세는 도스토옙스키가 그려낸 러시아인의 모습과 서구세계의 몰락이 서로 닮아 있음을 강렬한 언어로 지적하고 있는데,• 헤세가 깊이 염려하며 파수꾼이 외치듯이 목소리를 키우는 데는 그 나름의 이유가 있다. 도스토옙스키는 인간성의 불가사의함이 기묘한 방식으로 돌출되는 모습을 우

• Hermann Hesse, "Blick ins Chaos" (Bern: 1920)

리 눈앞에 펼쳐 보이는데 거기에는 무언가 심히 우려스러운 것, 불안한 것이 있다. 거기에 가까이 다가선 사람은 밤에 잠을 이루지 못하며, 낮에도 끔찍한 백일몽에 시달릴 때가 많다.

라츠코**의 소설 《전쟁 속의 인간Menschen im Krieg》은 상황을 최대한 잔인하게 묘사함으로써 심약한 일반 독자들에게 더 무시무시한 영향을 끼쳤을 것이다. 도스토옙스키의 소설 속 인물들은 1870~80년대 러시아의 깊고도 깊은 평화 속에서 살고 있다. 수류탄이 터지거나 시체더미가 쌓이는 일도 없고, 철조망이 가로막고 서 있는 곳도 없다. 모든 사건이 평범한 잿빛 일상 속에서 벌어진다. 그러나 바로 그렇기 때문에, 오로지 그렇기 때문에 잿빛 일상의 베일 뒤에 감춰져 있는 인간 본성, 한 번도 들어보지 못한 낯설고 어두운 인간 본성의 얼굴이 더 위협적이고, 더더욱 진실하다. 겉보기에는 잘 정돈된 것처럼 보이는 우리 인생의 표면 아래에도 도저히 해결되지 않는 문제와 도무지 이해되지 않는 수수께끼로 가득한 원초적인 삶의 화염이 잠자고 있는 것은 아닐까? 아니, 어쩌면 이제 막 그 불덩어리가 기지개를 켜고 있는 것은 아닐까?

플랫폼을 걷고 있는데 같은 방향으로 달리는 기차가 등 뒤에서부터 부딪힐 듯 가까이 다가올 때 느끼는 묘한 어지럼증을

●● 안드레아스 라츠코Andreas Latzko (1876~1943)는 오스트리아-헝가리의 평화주의 작가이다._역주

우리는 잘 알고 있다. 방금 전까지는 똑바로 잘 걷고 있었는데 순간적으로 휘청하면서, 달리는 기차 바퀴 속으로 빨려 들어갈 것 같은 아찔함을 느낀다. 도스토옙스키 작품 속의 인물들과 만나는 느낌도 이와 비슷하다. 그들은 마치 환상 속의 인물들처럼 낯설고 거대한 모습으로, 그러나 기묘하리만큼 친근한 모습으로 우리 곁을 스쳐 지나간다. 마치 우리의 분신分身처럼 똑같은 방향으로 밀착해서 걷고 있기 때문에, 우리는 자기도 모르는 사이에 혼란에 빠져 자기 걸음을 걸을 수 없게 된다. 우리는 그 인물들과 절대로 얽히고 싶지 않지만 그럴 수가 없다. **그들의 삶**에 나타난 수수께끼 속에서 **내 삶**의 수수께끼가 나를 응시한다. 뭐라 말할 수 없는 강렬함으로 뚫어질 듯 마주본다. 당황한 우리는 묻게 된다. 지금 우리는 누구를 만나고 있는가? 물론 우리는 묻기 전에 이미 알고 있다. 우리가 만난 것은 바로 우리 자신이다. 우리는 인간과 만났다. 그런데 '인간과 만난다'는 것은 무슨 뜻인가? '우리 자신'이란 과연 무엇인가? 아니, 도대체 '인간'이란 무엇인가?

바로 이것이 도스토옙스키와 우리의 물음이다. 지금 우리는 그 어느 때보다도 그 질문을 피할 수 없기에, 도스토옙스키와의 만남 역시 피할 수 없다. 완전히 그 질문에 사로잡혀버린 것,

그 질문의 까마득한 넓이와 끝없는 깊이를 드러냄으로써 그와 연관된 다른 모든 질문까지도 자신의 작품에 흘러들게 만든 것, 이것이야말로 표도르 미하일로비치 도스토옙스키의 운명이고 그의 천재성이다. 이것이 인간 도스토옙스키에게 거의 전설적인 위대함과 비범함과 필요성을 부여한다. 슈테판 츠바이크의 도스토옙스키 연구는 바로 이 점을 멋지게 그려냈다.• 하지만 바로 그것 때문에 그의 작품은 본의 아니게 19세기의 중요한 사상적 흐름들이 충돌하고 뒤엉키다가 굴절되기도 하고 관철되기도 하는 결정적인 분계선이 되기도 한다. 그 시대를 살아가는 인간의 정신과 감정, 지성과 신경을 자극하고 뒤흔드는 곤경과 소망, 격정과 고통과 갈망, 눈앞에 닥쳐오는 공포의 현실과 저 멀리서 다가오는 구원의 길… 이 모든 것이 도스토옙스키 주변에도 나타났다. 그는 그것들을 몸소 경험하며 함께 아파하고 함께 감격했다. 인간적인 것이라고 할 수 있는 것은 모두 놓치지 않고 파고들었다. 그는 니체가 그려낸 차라투스트라와 인간 몰락의 메시지를 예감함과 동시에 초인超人을 향한 무시무시한 열망까지도 간파했다. 그는 입센의 상류 사회 비판보다 열 배는 강한 공격을 퍼부었다. 그는 키르케고르나 오버베크를 직접 접하지 않은 상태에서도 그저 교회라는 제

• Stefan Zweig, *Drei Meister* (Inselverlag, 1920)

도가 되어버린 그리스도교에 대한 깊은 불신을 품고 있었으며, 그래서 자신의 고국인 러시아의 교회에서 기성 교회와는 다른 요소를 발견하고는 애정을 느꼈다. 그는 초기 그리스도교의 비타협적인 모습이 러시아 교회 안에는 여전히 순수한 형태로 남아 있다고 믿었던 것이다. 그는 동시대 작가 톨스토이의 분열된 정신을 가득 채웠던 문제, 즉 문화와 양심의 궁극적인 화해를 위한 싸움을 외면하지 않고 그 나름대로 강렬하게 표현해냈다. 무엇보다도 경제적 토대의 붕괴, 사회적 도덕의 퇴락을 분명하게 감지하고, 노예로 전락한 인류가 저 밑바닥에서 울부짖는 소리를 들었다. 그는 곳곳에서 거대한 분노가 축적되다가 마침내 분노의 날에 터져나오리라는 것을 알아차렸다. 그는 그날이 가까이 다가오고 있음을 목격했으며, 그날에 대한 끔찍한 두려움을 예언자적인 언어로 예고했다. 사슬에서 풀려난 악마들이 얼마나 무시무시한 힘을 가지고 있는지를 아는 사람은 극소수이지만 도스토옙스키는 그 가운데 한 사람이었다. 자신을 가두어놓은 교도소를 박차고 나온 맹목적이고 광포한 사람들이 일으킨 폭동이 어떤 결말을 맺게 될 것인지도 너무나 잘 알고 있었다. 그는 19세기 말의 유럽인들이 이런 상황에서 자기 나름대로 시도했던 온갖 몸부림을 제 안에 모두 모아놓고 그곳에 거울을 들이댄다. 누구든지 그 거울을 들여다보는 사람은 전쟁과 혁명의 낭떠러지를 향해 내달리고 있는 이 불행한 시대에 드리워진 이루 말할 수 없는 불안, 깊은 의심, 고통과 고집, 무엇으로도 채울 수 없는 갈망을 보게 된다. 도스토옙스키는 현실 한복판에서 그 현실을 이야기로 만들었다. 우리가 그 시대의 수수께끼를 가장 강렬한 형태로 형상화한 사람들을 보면서―앞서 말한 니체와 톨스토이에 레닌도 추가할 수 있을 것이다―그들이 왠지 도스토옙스키의 작품 속 인물 같다는 느낌을 받는 것은 결코 우연이 아니다. 그만큼 그는 시대의 흐름을 낱낱이 관찰하고 파악한 후에 그것을 마법 반지 속에, 즉 자신의 위대한 작품 속에 집어넣은 것이다.

그렇다고 도스토옙스키가 역사가였던 것은 아니다. 역사가라는 직업과는 거리가 먼 사람이었다. 19세기에 대해서 '연구' 비슷한 것도 시도해본 적이 없으며, 외국어를 제대로 공부해본 적도 없었다. 여행은 많이 했지만, 그의 시선은 이상하리만큼 내면을 향해 있었다. 바깥 세상에 대해서는 마치 몽유병 환자처럼 폐쇄된 시선을 갖고 있었다. 그는 외국을 여행하면서 신문을 많이 읽었지만 거의 대부분 러시아어로 된 것이었다. 그럼에도 한 가지 분명한 것은 그가 그 시대, 그 나라의 분위기를 그 누구보다 정확하게 감지해냈다는 사실이다. 그는 푸시킨에 대해 연설하면서 탁월한 러시아적 특성이라고 칭송했던 능력, 즉 다른 사람의 정신에 완전히 이입하는 능력을 스스로도 보유했을 뿐만 아니라, 더 나아가 그 능력을 최대치로 끌어올렸다. 하지만 이것만 가지고는 도스토옙스키의 마력을 설명해낼 수 없다. 모든 인간적인 것들을 비롯해, 가장 비밀스러운 것까지도 마음대로 쥐고 흔드는 신비한 힘의 정체 말이다. 도스토옙스키의 비밀Geheimnis은 온갖 비밀스러운 것을 알아맞히거나 온갖 감춰진 것들을 알아내는 능력이 아니다. 그의 비밀은 우리가 이것저것 다 알고 있는 것처럼 보이지만 사실은 아무것도 모른다는 점을 꿰뚫어 본 것이다. 이것은 개인적인 전제 조건, 심리적인 특성이 아니다. 그런 것이라면 다른 사람에게도 얼마든지 나타날 수 있다. 도스토옙스키의 비밀은 카를 뇌첼*이 '아무런 전제 조건 없음Voraussetzungslosigkeit'**이라고 지적한 것이다. 그의 비밀은 다름 아닌 그의 질문, 즉 인간에 대한 질문이었다. 그에게는 모든 것의 근본 동기를 낱낱이 파헤치려는 열망, 그 무한하고 집요하며 위대한 단 하나의 열망이 있었다. 그것이 그가 가진 전부였다. "나는 어디를 가든지 묻고 또 묻지…." 도스토옙스키가 좋아했던 인물, 《백치》의 주인공 미시킨이 내뱉

- 카를 뇌첼Karl Nötzel(1870~1945)은 도스토옙스키, 고골, 레스코프, 톨스토이의 작품을 러시아어에서 독일어로 옮긴 번역가로 알려져 있다._역주
- •• K. Nötzel, "Dostojewski und Wir" (München: 1920)

은 이 말은 도스토옙스키 자신의 비밀을 슬며시 폭로하는 것처럼 들린다. 이 땅 위의 모든 사물은 인간이 기원('어디에서?')과 지향('어디로?')을 묻는 순간, 인간을 향해 환한 빛을 발하기 시작한다. 그때 비로소 사물은 가치와 무가치, 빛과 그림자를 획득한다. 그러자 인간은 위대한 수수께끼가 되어, 아무런 전제 조건도 없이 집요하게 질문을 던지는 질문자의 깊고 아득한 시선이 그 인간을 향한다. 도스토옙스키는 인간을 대할 때도 어떤 고정적인 것, 이미 주어져 있는 것, 궁극 이전의 것에―설령 그것이 최고의 심리적 깊이에 있는 것처럼 보인다 할지라도― 고착되지 않는다. 도스토옙스키의 '아무런 전제 조건 없음'은 오히려 인간과 마주하는 순간 비로소 완전히 깨어나 그 능력을 유감없이 발휘한다. 《백치》에 나오는 대사처럼 말이다. "정말 중요한 것은 인생을 발견하는 거야. 끊임없이, 영원히 발견하는 거지. 이미 발견된 것은 중요하지 않아." 이 소크라테스적인 지혜가 곧 도스토옙스키의 지혜이며, 그의 예술 세계가 간직한 비밀의 모든 것이요 마지막이다. 인간은 그에게 수수께끼가 되었다. 바로 그것 때문에, 바로 그곳에서 그는 인간을 깊이 파고들어 이해하게 되었던 것이다.

인간이란 무엇인가? 다시 한 번 말하지만, 도스토옙스키가 던진 질문은 바로 이것이다. 그것뿐이다. 이 질문이 아무것도 아닌 것처럼 보일 수도 있지만 사실은 엄청난 것이다. 정말 제대로만 묻는다면 이 질문이야말로 단순히 질문이 아니라 이미 해답이라는 사실을 똑똑히 보여준 사람, 그가 바로 도스토옙스키다. 그는 자신의 작품에 등장하는 수많은 인물들을 통해 분석의 지하 갱도를 파내려간다. 무자비한 날카로움으로 가장 비밀스러운 심연까지, 최후의 경계선까지 파고들어간다. 그는 훗날 정신분석학에 의해 폭로될 극단적인 심리까지도 일찌감치 파헤쳐놓는다. 인간 존재의 비밀을 거리낌 없이 곧바로 파악할 수 있다고 생각하는 일체의 나이브한 직접성Unmittelbarkeit은— 그것이 도덕적이든 미적이든 종교적이든—낙엽이 우수수 떨어지듯 허물어져 내리고 그 위에 드리워졌던 광채와 매력도 모두 사라져버린다. 인간의 종말은 도스토옙스키가 인간과 함께 걸었던 모든 여행의 종말이다. 그러나 그의 작품은 강력하고 최종적인 종합의 빛, 그 신비롭고 초월적인 빛 속에서 점점 환해진다. 소설의 결말은 몰락이 아니다. 악마의 놀림거리로 전락한 인간을 향해 한바탕 퍼붓는 조롱도 아니다. 그 결말은 도무지 그 이유를 알 수 없는 승리의 외침, "**부활**"이다.

"그들은 말을 하고 싶었지만 할 수가 없었다. 두 사람의 눈에는 눈물이 그렁그렁했다. 두 사람은 창백하게 야위어 있었다. 그러나 그렇게 아프고 창백한 얼굴에서 새로운 미래의 여명이, 새로운 생명으로 다시 태어나는 완전한 부활의 여명이 벌써 빛을 발하고 있었다."

이것이 《죄와 벌》의 마지막 장면이다. 그렇다면 미챠 카라마조프가 갇혀 있는 형무소에서 마지막으로 울려 퍼진 목소리는 또 어떤가?

"알료샤, 나는 지난 두 달 동안 내 안에서 새로운 인간을 발견했단다. 내 안에서 새로운 인간이 부활했어! 이 사람은 전에도 항상 내 안에 숨겨져 있었는데, 하나님께서 이런 악천후를 보내주지 않으셨더라면 내 안에 이런 존재가 있다는 사실을 전혀 의식하지 못했을 거야. 이놈의 인생은 정말 끔찍하구나! 내가 시베리아 광산으로 끌려가 이십 년 동안 중노동을 하게 될 거라는데, 그게 뭐 어쨌다는 거냐? 이제 그건 별로 무섭지 않구나. 내가 정말 두려워하는 건 완전히 다른 건데, 지금은 그게 나의 유일하고 지독한 두려움이란다. 내 안에서 부활한 그 인간이 다시 나를 떠날 수도 있다는 것, 그것이 나의 걱정이고 두려움이야."

미챠의 분석이 끝까지 파고들어간 곳, 가장 어두운 심연, 바로 그곳에서 새로운 종합의 경이로운 빛이 봇물 터지듯 흘러나온다. 형무소, 오직 형무소에서만 미챠 카라마조프의 고백과 같은 말이 솟구쳐 오른다. 오직 "창백하고 야윈 얼굴" 위로 새로운 미래의 여명이 비쳐온다. "오직 무덤이 있는 곳이어야만 부활이 있다."(니체) 이 표현들은 우연히 일치한 것도 아니고, 작가들이 세련되게 구사하는 대조라는 수사법도 아니다. 여기에는 훨씬 깊은 의도가 스며 있다. 단순히 실용적인 처세술이 아니라 깊은 깨달음이 있다. 앞서 본 표현들에서 선명하게 보이는 대립은 그 둘 사이의 보이지 않는 연관성을 암시한다. 전면에서는 너무 갑작스러운 변화처럼 보이는 것이 사실은 보이지 않는 부분에서 일어나는 의미심장한 전환을 증명한다. 도스토옙스키는 인간이 살아가는 세계 전체에 끔찍한 위기가 닥쳐오고 있음을 알아차렸다. 하지만 그 위기는 구원의 가능성을 가득 머금고 있기 때문에 그곳에서 이런 음성이 들려온다. "죽음에서 생명으로!"

앞에서 우리가 살펴본 것처럼 이러한 깨달음은 소크라테스적인 지혜와도 관련되어 있지만, 무엇보다 성경의 깨달음과 아주 긴밀하게 연관된다. 도스토옙스키에 관해 진실한 무언가를 말하고자 하는 사람은 이 부분을 언급하지 않을 수 없다. 왜냐하면 바로 이 부분에서 그의 위대함이 발견되고, 그가 서 있는 드넓은 맥락이 드러나기 때문이다. 이것이 그의 작품에 독보적인 지위를 부여한다. 입센, 스트린드베리, 야콥센도 그들 나름으로 일류 분석가라 할 수 있지만, 도스토옙스키의 작품이 그들을 훨씬 뛰어넘는 특성을 지니게 된 것도 바로 이러한 특징 때문이다. 그의 소설이 터무니없다 싶을 정도로 무질서한데도 고전의 반열에 오르는 것도 바로 이 때문이다. 이것이야말로 우리가 그의 소설을 좋아하는 이유이다. 그의 소설이 표방하는 과격한 부정否定 때문이 아니라, 바로 그 부정에서 나온 훨씬 위대한 긍정 때문이다.

그렇다, 부정에서 나오리라! 이젠하임 제단화의 좌측에 서 있는 성 안토니오처럼 악마의 시험이 쇄도하는 지옥 한복판에서만 저 높은 곳에 계신 하나님의 얼굴을 바라볼 수 있으며, 그래야만 새날 아침의 여명이 밝아온다. 우리가 도스토옙스키의 작품에서 보게 되는 것도 바로 이런 광경이니, 인간 존재의 불확실함이 한밤의 어둠을 통과할 때라야 새벽빛이 비춰오는 것을 보리라. 도스토옙스키 스스로도 이 깨달음을 확실하게 고백한 바 있다. "나의 호산나는 의심이라는 거대한 연옥을 통과했다." 그러므로 한 가지는 분명하다. 도스토옙스키는 우리에게

완결된 하나의 답이나 해법을 제시하지 않는다. 그의 해법은 거대한 해체 속에 있다. 그의 대답은 질문, 곧 인간 존재에 대한 치열한 질문, 오직 하나의 질문이다. 그러나 그 질문에 자신을 내맡길 줄 아는 사람은 바로 그 질문이야말로 한 아름의 대답이라는 사실을 경험하게 될 것이다.

2

도스토옙스키의 사람들

기묘한 인간들의 조합이다. 모든 사회 계층의 사람들, 하늘과 땅 사이에서 생각해낼 수 있는 모든 정신적인 영역에서 나온 사람들, 모두가 삶으로부터 끄집어내어져 다시 삶 속으로 배치된다. 이들은 예레미아스 고트헬프*의 소설에 등장하는 농민들과 같이, 허깨비나 그림자가 아니라 현실 속에서 살아가는 현실적인 인간들이다. 그들이 발 딛고 선 대지 위에서 잔뼈가 굵은 사람들, 평범한 이름과 얼굴로 살아가는 사람들이다. 모두가 너무나 세속적인데 이상하게도 세속적이지 않다. 너무나 세상적인데도 전혀 이 세상에 속한 것 같지가 않다. 대지에 착 달라붙은 것 같지만 완전히 뿌리 뽑힌 인생이라니! 모든 삶이 그렇지만, 그들의 삶은 특히 진부하고 통속적이다. 도스토옙스키의 소설에 주로 등장하는 무대만 봐도 알 수 있다. 어두운 골목, 작고 좁은 방, 어딘지 의심스러운 술집, 유곽, 교도소…. 그러나 이런 어두운 구석에서 영혼은 하늘 꼭대기까지 솟아오르는 환

---

* 예레미아스 고트헬프Jeremias Gotthelf(1797~1854)는 스위스의 소설가이다. 본명은 알베르트 비치우스Albert Bitzius이나 필명인 예레미아스 고트헬프로 널리 알려졌다. 19세기 농촌의 삶을 사실주의적으로 그려냈다._역주

희를 맛보기도 하고 까마득한 심연에 처박히기도 한다. 비좁은 감방의 삭막한 담벼락에서 이제껏 한 번도 들어보지 못한 놀라운 이야기가 메아리친다. 가난에 찌든 변두리의 허름한 벽돌벽을 타고 영원한 사상의 꿈들이 넝쿨져 오른다. **이런** 삶의 통속성과 진부함이 **전혀 다른** 삶의 비밀을 품고 있다! 이것이 도스토옙스키의 세계이고 그의 인간들이다. 여기에 온갖 질문으로 가득한 그의 대답이 있으며, 온갖 깨달음으로 가득한 그의 질문이 있다!

좀 더 가까이 다가서 보자.

로지온 라스콜리니코프. 가난과 굴욕 속에서 살아가고 있는 젊은 대학생. 자존심 강한 그의 영혼은 현실의 답답함에 짓눌려 있다. 작고 초라한 방에서 구차하게 살고 있는 자신의 모습은 이미 관棺에 누운 시체나 진배없다. 그는 돌파구를 찾는다. 이 속박의 굴레를 뚫고 나가야 한다면, 꼭 그래야만 한다면, 폭력을 쓸 수도 있는 것 아닐까? 필요하다면 살인까지도 할 수 있지 않을까? 그가 아는 노파가 하나 있는데 악랄한 고리대금업자다. 그 노파의 생명은 이 젊은이의 생명과 비교할 때 얼마나 가치가 있을까? 그가 노파를 쳐 죽이고 그녀의 재산을 차지한다면?―이것이야말로 실제적이고 단호한 생각 아닌가? 나폴

레옹도 그렇게 생각했다. 일단 생각을 하면 무조건 실행에 옮겼다. "진정한 통치자, 그에게는 모든 것이 허용되어 있으니, 그는 툴롱을 격파하고, 파리에서는 잔인하게 학살극을 벌이고, 이집트에 있는 군대를 잊어버리고, 러시아 정벌로 백만 대군의 절반을 잃고는 빌나Vilna에서 웃기는 말 한 마디로 전쟁을 마무리하지. 그런 그가 죽고 난 뒤에는 사람들이 그를 위해 동상을 세워준단 말이야. 그러니까 모든 것이 허용되었다고 할 만하지. 아니, 그런 인간은 혈육으로 빚어진 인간이 아니라 강철로 만든 인간이야!" 그러니 이 대학생도 그렇게 생각하고 행동하지 말란 법이 어디 있는가? "비범한 인간이라면 자신의 이념을 실현하는 데 방해가 되는 것 몇 가지는 그냥 무시하고 갈 권리가 있지." 그럼에도 불구하고 뭔가가 그를 방해한다. 물론 그는 "비범한 인간"이며, 자신의 "이념"을 가지고 있다. 어쩌면 이념이 그를 사로잡고 있는지도 모른다. 그런데도 이 모든 장애물을 무시하고 지나가는 일이 그렇게 간단하지만은 않다. 혈육으로 빚어진 존재가 아니라 강철로 이루어진 존재가 되는 것은 간단한 일이 아니다. 아! 이 수수께끼 같은 무언가를 그냥 무시하고 가지 못하는구나! 이건 그의 바깥에 있는 것인가? 안에 있는 것인가? 그가 살인을 저지르지 못하도록 가로막는 것은 심미적인 망설임인가? 도덕적인 선입견인가? 아니면 스비드리가일로프가 조롱하듯이 "매 순간 폭동을 일으키는 그 안의 실러*"인가? 뭐든 상관없다. 어쨌든 그것이 있다! 하지만 칼처럼 날카로운 궤변이 그것을 덮쳐버린다. 그건 한갓 환영에 불과한 거야. 그냥 묵살해 버리면 돼. 강한 자에게 망설임이나 선입견 따위는 통하지 않아. "모든 것이 허용됐다." 길은 완전히 열렸다. 그 징표로 손도끼를 내리친다. 승리를 쟁취했다. 그런데 정말 승리를 쟁취한 것일까? 손도끼를 내리치는 순간, 그 무언가가 전혀 극복되지 **않았음**이 너무나도 분명해지지 않았던가? 살인 행위가 너무나 어색하고 부자연스러우며, 그토록 뻣뻣하고 거북스러웠던 것은 도대체 무엇 때문이었나? 도스토옙스키도 지적하고 있듯이 "마치 누군가가 그의 손을 꽉 붙잡고 이리저리 끌고 다녀서 아무런 저항도 할 수 없는 것처럼 … 마치 그가 자기 자신을 처형하는 것처럼 … 옷자락이 기계의 톱니바퀴에 끼는 바람에 꼼짝없이 끌려들어간 것처럼" 느껴지지 않는가? 그리고 강자라는 사람이 그 일을 벌인 후에는 너무나 불안한 모습으로 흔들리고 있는 것이다! 그는 갈취한 재물을 경찰뿐 아니라 스스로도 찾을 수 없게 숨겨버린다. 그러고는 누가 쫓아오지도 않는데 도망을 다닌다. 모든 망설임을 뛰어넘은 단

---

* 프리드리히 실러Friedrich Schiller(1759 ~1805). 독일의 작가 괴테와 더불어 독일 고전주의의 양대 산맥을 이루었다. 그 대표작으로는《도적 떼》,《간계와 사랑》,《돈 카를로스》,《발렌슈타인》3부작 등이 있다. 도스토옙스키는 청소년기부터 실러에게 열광하여 그의 작품에 흠뻑 빠져있었다. 도스토옙스키의 작품에도 실러의 작품이 자주 인용되고 있다._역주

호한 행동은 결국 제 발로 걸어가 자수하는 것으로 끝난다. 그는 신과도 같은 승리자가 되기는커녕 창녀 소냐 앞에 엎드려, 참회하는 죄인처럼 그녀에게 입을 맞춘다. 그러고는 시베리아에 가서 귀양살이를 하게 되는데, 그곳에서 말로 표현해낼 수 없는 인생의 '무언가Etwas'와 직접 마주하게 된다. 그의 예리한 변증법으로도 규명해낼 수 없고, 그의 단호한 행위로도 붙잡을 수 없는 무언가가 그를 괴롭히고 짓눌렀다.

인생 그 자체에서 말로 표현해낼 수 없는 무언가—바로 이것이 어렸을 적부터 라스콜리니코프의 모든 꿈과 사색의 중심에 있었다. 비록 그가 이것을 정확하게 이해하지는 못했다 하더라도 말이다. 그는 언젠가 혼잣말로 이렇게 말했다. "내가 어딘가에서 읽었는데, 사형선고를 받은 사람 하나가 죽기 한 시간 전에 이런 말, 혹은 이런 생각을 한 거야. 만일 그가 어느 높은 산꼭대기, 어느 절벽, 좁다란 능선, 겨우 두 발만 간신히 딛고 서 있을 수 있는 곳에 있더라도—그런 낭떠러지, 바다, 영원한 어둠, 영원한 외로움, 영원한 폭풍에 둘러싸인 채로 살아야 한다고 해도—그렇게 좁다란 능선에 서서 평생을, 수천 년의 세월을, 영원을 보내야 한다고 해도—그렇게 사는 것이 당장 죽는 것보다는 낫다! 오로지 사는 거, 사는 거, 사는 거야! 어떻게?—어떻게든 상관없어!—그냥 사는 거야! … 정말이야! 오 하나님, 정말이라고요!" 그 무엇으로도 채울 수 없는 인생의 목마름으로 가득한 이런 말 속에서 라스콜리니코프의 생각 속에 숨겨진 동력과 전제가 드러난다. 이 지식인은 살인과 죽음이 아니라 **생명**에 목말라 하고 있다. 얼마 후 그는 그런 자신을 이해한 후 이렇게 말한다. "만일 내가 내 삶의 길을 좀 더 걸어갈 수 있다면 다시는 살인 같은 짓은 저지르지 않을 거야." 이것은 그가 자신이 모든 궤변 속에서 추구하던 모든 궤변 이상이었다. 그래서 그는 그 궤변을 "마치 면도날처럼" 날카롭게 벼린다. 그는 궤변을 극단의 지점까지 몰아붙여 그것이—본인의 주장처럼—최후의 모순까지 포괄함으로써 그가 추구하던 인생의 완전한 긍정성과 직접성으로 변화될 수밖에 없게 만들고, 그 생명을 당당하게 자기 것으로 만들고자 한다.

라스콜리니코프에게서 생명에 대한 물음은 인간이 자신의 모든 것을 쏟아부었을 때만 느낄 수 있는 무게감을 가지고 있다. 그저 생명에 관한 무엇, 생명의 일부가 아니라 생명, 생명 그 자체, 가장 창조적인 의미의 생명을 요구하는 것이다. 하지만 그러한 요구는 더 이상 인간적인 가능성의 영역에 있지 않다. 만일 그것을 충족시킬 수 있다면 그 부분은 **인간적인** 가능성의 영역이 아닐 것이다. 생명―그것은 **하나님** 안에 있다. 그분 안에 생명의 근원이 있다. 그분은 창조자다. 하지만 인간은 하나님이 **아니다**. 하지만 과연 그럴까?―이 오만불손한 질문이 라스콜리니코프를 스치고 지나간다. 이것이 그가 고민하는 문제의 핵심이다. 프로메테우스적인 도발이야말로 그의 주된 관심사다. "나는 어머니를 도우려고 사람을 죽인 게 아니야. 그건 말도 안 돼! 어떤 재산이나 권력을 얻어서 인류의 위대한 자선가가 되려고 사람을 죽인 게 아니야. 말도 안 돼! 나는 그냥 죽인 거야. 나를 위해, 오로지 나만을 위해 죽인 거라고. 내가 누군가의 은인이 될 수 있을까, 내 평생을 마치 거미처럼 돌아다니며 모든 것을 나의 그물 속에 잡아넣을 수 있을까?―그런 질문에 대해서라면 나는 그 순간 눈곱만큼도 관심이 없었단 말이야! … 사람을 죽인 이유는 일차적으로 돈이 아니었지. 돈은 나한테 그리 중요하지 않았다고. … 나는 이제 모든 걸 알고 있어. … 나는 무언가 다른 것을 체험해야 했던 거야. 뭔가 다른 것이 나를 몰아댔지. 당시에 가장 먼저 알아내야 했던 건 내가 다른 모든 사람처럼 귀찮은 벌레에 불과한 존재인지 아니면 진정한 남자인지 하는 거였다고! 나는 저쪽으로 넘어갈 능력이 있는 존재인가 아닌가? 용기 있게 허리를 숙여 권력을 집어들 것인가 말 것인가? 나는 벌벌 떨고 있는 피조물인가, 아니면…?" 그때 소냐가 그의 말을 끊는다. 그러나 우리는 이미 알고 있다. **니체**의 《이 사람을 보라Ecce Homo》가 가까이에 있다. 휴머니티의 경계선이 요동친다. 하나님, 인간, 생명이라는 개념의 순수성이 도전을 받고 있는 것이다!

그렇다면 해답은 무엇일까? 우리는 이미 암시했다. 라스콜리니코프가 자신의 변증법을 극한까지 밀어붙이자 하늘과 땅의 경계가 뒤엉키고, 하나님과 인간의 경계가 희미해지고, 인간은 하나님의 생명을 차지하려고 손을 내뻗는다. 그러자 그 해답은 완전히 뒤집어져 생명이 아니라 죽음이었음이 드러난다. 그의 프로메테우스적인 논리에서 유발된 행위Tat는 '해서는 안 될 행위Un-Tat'[만행蠻行], 곧 살인이다. 그런데 바로 여기에 깨달음이 있다. 이제야 비로소 인간은 하나님이 **아니**라는 사실이 한없이 명확해진다. "강자"도 "다른 모든 사람들과 마찬가지로 비참한 벌레 한 마리"다. 생명을 직접적이고 창조적으로 소유하는 것은 인간의 능력 밖의 일이다. 그 어떤 이론도—그것이 제아무리 정교하다고 할지라도—생명으로 들어가는 문을 열어줄 수 없다. 어떤 행위로도 생명을 움켜쥘 수 없다. 라스콜리니코프는 이것을 깨닫고는 다시 깨어난다. 그는 생각한다.

"이 세상이 존속하는 한, 이 세상에서 요란하게 떠돌면서 이리
저리 부딪히는 온갖 이념이나 이론들이 있지. 그런데 나의 이
념이 그런 것들보다 더 어리석은 것은 무엇 때문인가? 그냥 이
문제를 완전히 독립적인 관점에서, 일상적인 영향력에서 벗어
나 넓은 관점에서 보기만 하면 된다. 그러면 나의 사상이 그렇
게 특별한 것이 아니라는 사실이 분명하게 드러난다. … 그는
아주 고통스럽게 이 질문을 던졌으며 … 자신의 확신 속에 감
춰진 깊은 거짓을 어렴풋이 깨달았다." 그는 이제야 비로소 자
기 자신을 이해할 수 있다. 이제서야 하나님을 이해한다. 그리
고 이제서야 하나님 안에서, 하나님으로부터 자기 자신을 이
해한다. 자신의 유한함과 인간적인 한계를 고스란히 직면한다.
그는 이제 그것을 넘어서려고 하지 않는다. 이제는 알기 때문
이다. **인간** 쪽에서는 저쪽으로 넘어가는 다리가 놓일 수 없다
는 것을! 하나님의 영광을 위해, 인간의 순수함을 위해 그런 다
리를 만든다고? 특히 그런 다리는 불가능하다. 하지만, 혹시 **하
나님** 쪽에서라면 어떨까? 이것은 프로메테우스적인 질문이 아
니다. 왜냐하면 이것은 인간적인 가능성에 대한 질문이 아니기
때문이다. 바로 이 질문 속에서 라스콜리니코프는 최후의 가능
성을 조망한다. 이 가능성은 실제로 생명의 영원한 나라에 들

어갈 수 있는 가능성, 곧 부활의 가능성이다. 그런데 인간에게 있는 이 마지막 가능성은 궁극적으로 **인간**의 가능성이 아니다. 하지만 라스콜리니코프처럼 이러한 깨달음에 도달하여 하나님을 경외하게 된 사람이라면 그 누구라도 이 불가능한 가능성, 최후의 가능성, 유일한 가능성에 대해 알게 될 것이며, 아무런 위험 없이도 그 가능성에 대해 알 수 있을 것이다. 그 가능성이 라스콜리니코프의 눈앞에서 모습을 드러낸 적이 이전에 한 번 있었다. 창녀와 살인자가 마주하여 끊임없이 자신을 낮추며 수많은 고백을 털어놓던 신비로운 밤, 창녀 소냐는 살인자인 라스콜리니코프에게 요한복음에 기록된 나사로의 부활 이야기를 (하필이면 그 부활 이야기를!) 읽어주었다. 그때 그는 이야기를 이해할 수 없었다. 그러나 이제는 그의 입술에서도 이해할 수 없는 그 단어, 위대한 단어, 한 인간이 알 수 있는 범위를 넘어서는 그 단어가 터져 나온다. "부활."

도스토옙스키는 라스콜리니코프에게 일어난 변혁의 결과를 "삶에 관한 새로운 직관"이라 일컫는다. '그렇다면 이것도 또 다른 이론일 뿐 아닌가?' '또다시 하나의 이념, 하나의 사상일 뿐 아닌가?' 이런 질문을 던지고 싶은 마음이 든다. 그렇다. 치열한 싸움의 결과는 다시 하나의 이론, 하나의 사상이다. 그러나 이는 **새로운** 사상, **새로운** 이론, "삶에 관한 **새로운** 직관"이다. 우리는 그 핵심에 무엇이 있는지 살펴보았다. 그것은 인간의 참된 삶, 본질적인 삶은 지금 여기서 살아가고 있는 인간의 모습 너머에 있다는 깨달음이다. 우리가 일반적으로 삶 혹은 생명이라고 부르는 것의 최후 경계선 너머에 참된 삶이 있다. 하지만 이는 또다시 어떤 길을 보려주려 함이 아니다. 그 참된 삶을 붙잡아서 보란 듯이 이용하려 함이 아니다. 이른바 지식인의 실패 앞에서 "이론과 사상보다는 생명이 중요하다!"라는 구호를 외치면서 사상을 내동댕이치고 애매한 '체험'을 내세우려 함도 아니다. 그러려고 라스콜리니코프의 이야기, 《죄와 벌》을 쓴 것은 아니다. 적어도 그건 아니다! 그렇다면 진정한 의도는 무엇인가? 생명과 인생에 관한 사상을 올바른 길로 인도하는 것, 잘못된 사상과 참된 사상을 구분하는 것이다. 이것이 대수롭지 않게 여겨지는 사람이라면 온갖 부류의 낭만주의자들, 사이비 혁명가들과 손잡고 라스콜리니코프를 극복하면서 더욱 급진적인 변화와 돌파를 통해 인간 너머[초인]의 삶에 진입하는 일, 지금 여기에서 살아가는 우리를 속박하는 모든 제약 저편의 삶에 들어서는 일이 가능한지 불가능한지를 새롭게 시험해볼 수 있으리라. 하지만 그 역시 자기 나름의 방식으로 라스콜리니코프의 비극을 재연하게 될 것이다. 도스토옙스키에게는 "삶에 관한 새로운 직관"이 결코 사소한 것이 아니었다. 그의 책 마지막에 서 있는 사람은 혁명가도 아니고 평화주의자도 아니며, 특별히 순수하고 고귀한 영혼도 아니고 순교자나 성자도 아니며, 탐미주의자나 개혁가, 혹은 철저하게 회심한 사람도 아니고—"오로지" 한 사람, "삶에 관한 새로운 직관"을 얻은 한 사람이다. 그는 여전히 그의 본성이 지닌 문제에서 자유롭지 못하지만 새로운 직관의 심판과 약속 아래에서, 지금 여기서 펼쳐지는 삶을 향해 다시 나아간다.

이 세상에서는 그것이 대수롭지 않아 보일 수 있지만, 저 하늘에서는 회개할 필요가 없는 아흔아홉 명의 의인보다 회개하는 **한 명**의 죄인으로 인해 더 많은 기쁨이 있다.

—

카라마조프가家**의 형제들**. 아버지 하나와 아들 셋, 그 가운데는 한 여인이 있다. 아버지와 아들들은 그 여인을 두고 필사적으로 각축을 벌인다. 하인 하나가 아버지를 죽이고 이로 인해 큰 문제가 생겨난다. 그 하인은 아들 가운데 하나인 **이반** 카라마조프와 합의해서 그 일을 처리했다고 믿고 있다. 그런데 다른 아들인 **미챠**가 살인자로 지목되고 유죄 판결을 받아 시베리아로 끌려간다. 막내아들 **알료샤**는 이처럼 무의미하게 부글대며 거대하게 폭발하는 격정에서 심오한 의미를 찾아낸다. 엄청난 스케일로 전개되어 도저히 믿을 수 없는 이 이야기를 우리는 '환상적인' 이야기라고 부르고 싶을 것이다. 하지만 이보다 **'더 현실적인'** 이야기가 있을까? 이번에는 모든 폭풍과 재앙의 중심에 —《죄와 벌》의 경우처럼 하나의 이념이 아니라— **여자**가 있다.

여자—그게 뭔가? 여자? 답이 들린다. 그녀의 이름은 **그루셴카**다. 그녀에게 매혹되고 미혹당한 사람들이 격렬한 열정과 충격 속에서 그녀에 관해 더듬더듬 내뱉은 말들이 그녀의 비밀을 밝혀준다. 그루셴카의 친척으로 몰래 그녀의 뒤를 캐고 있는 라키친은 "내가 친척이고 싶은 마음이 전혀 없는, 공공연한 창녀"라고 말한다. 세 아들의 늙은 아비 표도르 카라마조프도 그녀를 "고급 매춘부"라고 부른다. 그러면서도 그는 갑자기 수도사들을 향해 고개를 돌리면서 돌발 발언을 쏟아낸다. "추잡한 삶을 살고 있는 이 여자, 이 비천한 존재가 여기서 영혼 구원을 추구하는 당신네 같은 양반들보다 어쩌면 더 거룩할 거야."
또 다른 평가도 들려온다. "그 여자는 짐승이야." "그 젊은 여자
는 천사야. 나는 그녀가 얼마나 매혹적인지 알고 있어. 하지만
그녀가 얼마나 착한지도 알고 있다고." 그녀가 다른 사람의 내
면에 불러일으키는 지진과도 같은 동요가 어떤 것인지는 미챠
카라마조프의 열광적인 찬사에서 가장 강렬하게 드러난다. "그
래, 그녀는 그런 존재야. 한 마리 호랑이, 부끄러움을 모르는 여
왕, 완전히 지옥에서 온 여자, 이 세상에서는 그냥 상상이나 해
보는 모든 지옥 여자들의 여왕이다."

순진한 알료샤가 그녀를 처음 봤을 때 느낀 것도 이런 엇갈
리는 평가와 묘하게 통한다. "문지기는 뒤로 물러났고 그루셴
카가 웃으면서 방 안으로 들어왔다. 알료샤는 갑자기 뭔가가
자신의 온몸을 훑고 지나가는 것 같은 느낌이 들었다. 그녀가
그의 시선을 온통 사로잡았고 그는 그녀에게서 눈을 뗄 수가
없었다. 그녀는 그런 여자였다. 이 무시무시한 여자! 이반 형은
삼십 분 전에 그녀를 '짐승'이라고 불렀지. … 튼튼하고 풍만
한 체구지만 몸놀림은 부드럽고 고요했다. 그녀의 발걸음은 쾌
활하지도 견고하지도 않았다. 아무 소리도 없이 가까이 다가왔
다. 바닥에서 발소리가 전혀 나지 않았다. 그녀는 살포시 소파

에 앉아 검고 화려한 비단옷을 조용히 살랑거렸다. 값비싼 검은 숄이 그녀의 포동포동한, 거품처럼 하얀 목덜미와 넓은 어깨를 부드럽게 감싸고 있었다. 그녀는 스물두 살이었고, 그녀의 얼굴도 정확하게 그 나이를 드러내고 있었다. 피부는 하얗기 그지없고 오직 두 뺨만 담홍색 빛을 머금고 있었다. … 치렁치렁한 금발, 짙고도 섬세하게 그린 눈썹, 신비로운 분위기를 자아내는 암갈색 눈동자, 긴 속눈썹…. 극도로 무감각하고 산만한 인간이 산책길의 군중 속이나 길거리의 북적임 속에 있다고 할지라도 우연히 그녀의 얼굴과 마주하게 되면 그대로 멈춰 서지 않을 수 없을 것이다. 그리고 그 얼굴을 오랫동안 기억 속에 담아둘 수밖에 없을 것이다. 그 천진하고 선량한 얼굴 때문에 가장 당황한 사람은 알료샤였다. 그녀는 마치 어린아이같이 그를 바라보았다. … 그녀가 바라보고 있다는 사실이 마음을 기쁘게 해주었다. 알료샤는 그것을 느꼈다. 하지만 그녀에게는 아직 그가 제대로 설명할 수 없는 다른 무언가가 있었다. 아마도 그의 무의식에 전달되고 있는 어떤 것을 이해할 수 없기 때문이었을 텐데, 그것은 바로 그녀의 움직임에 스며있는 살가움과 부드러움이었다. 그녀는 고양이처럼 아무 소리를 내지 않고 사뿐사뿐 걸었다." 이것이 그루셴카, 그 여자다. 맞은

편에는 카라마조프가의 남자들이 있다. 도스토옙스키는 말한다. "이제 세 명의 색마가 눈독을 들이고 있는 거야. 한 명씩 번갈아 가면서, 장화에 칼을 감추고 말이지." 우리는 이렇게 덧붙인다. '그런데 그들의 정체는 아버지와 아들이고!' 이것이 이 거대한 드라마의 극적인 구조이며, 바로 여기서 미친 듯이 휘몰아치는 온갖 행위의 소용돌이가 태동한다. 이것이 이 놀라운 작품의 내용을 구성한다.

라스콜리니코프는 자신의 이념에 매혹됐다. 그런데 인간이 여자의 아름다움에 매혹되면 전혀 다른 차원에서 격정의 폭풍이 일어나고, 전혀 다른 방식으로 극도의 무모함을 불러일으키며, 거인처럼 하늘로 솟구쳤다가 사탄처럼 지옥으로 떨어져 버린다. 매혹의 정점은 **에로스**로 인한 매혹이다. 거기서 인간은 자신의 모든 높이와 깊이를 체험한다. 거기서 인간은 자신의 진정한 능력을 알게 된다. 모든 것을 태워 없애는 어리석음, 차갑고 영혼 없는 이해타산, 과도한 자긍심, 남을 짓밟아버리려는 의지, 강하고 폭력적인 자기 과시, 자기를 멸시하는 데서 그치지 않고 아예 멸절시키는 광포한 충동, 무절제한 사랑과 잔인함.―이 모든 것이 뒤엉키며 무서운 파도를 일으킨다. 여기서 인간은 신적인 존재도 되고 악마적인 존재도 된다. **에로틱**한 것이야말로 신적인 가능성과 현실성에 대한 비유比喩, Gleichnis 를 가장 실감나게 드러낸다. 그러나 그 비유가 있기 때문에, 인간으로서 신처럼 되려는 유혹("너희도 신처럼 되리라!Eritis sicut deus")도 생겨나고, 단순한 비유와 암시를 그 이상으로 만들려는 유혹도 생겨난다. 이것은 하늘과 땅을 갈라놓는 경계를 뛰어넘으려는 유혹, 초인이 되려는 유혹, 신인神人이 되려는 유혹이다. 그루셴카가 한껏 피어오르고 카라마조프가의 남자들이 그녀로 인해 불타오르는 곳에 이런 유혹으로 들끓는 애매함이 있으니, 그곳은 특별히 위험천만하다. 여인의 아름다움은 모든 논리적·윤리적 인과관계를 무너뜨리고, 그 밖의 모든 납득할 만한 연관성을 뛰어넘어 폭발하듯 도드라진다. 그래서일까? 《백치》에서는 "아름다움이야말로 수수께끼다"라고 규정한다. 무슨 뜻인가? 도무지 파악할 수도 없고 예측할 수 없는, 그래서 다른 모든 가치를 훌쩍 넘어서는 가치가 곧 아름다움이라는 뜻이다. 인생 그 자체의 알맹이라고 할 수 있는 아름다움 앞에서 인간의 눈은 놀라움을 감추지 못하며, 그 아름다움이 움직이는 곳이라면 어디라도 따라갈 수밖에 없는 상태가 된다. 다시는 경험할 수 없는 어떤 것, 다른 어디서도 만날 수 없는 무언가가 지금 눈앞에 있다고 생각한다. 절대로 이렇게 생생한 모습으로 나타날 수 없다고 생각했던 것이 지금 내 앞에 있다고 느끼게 된다. 이 아름다움은 우리 인생의 직접적인 욕망이요, 올림포스의 봄날이요, 신적인 것이다. 그렇기 때문에 남자가 여자에게, 여자가 남자에게 농락당하고, 미치게 되고, 홀딱 빠져버리는 일은 적당한 선을 지키지 못할 때가 많다. 에로틱한 것의 마법이다. 그야말로 딱 **마법**Zauber이다.

마법에 사로잡힌 사람들은 하늘 위 올림포스를 향해 날아오른다. 하지만 이미 그 상승의 순간에 하늘의 왕좌에서 쫓겨나 추락하는 신들의 행렬을 만난다. 그러니 덜 미련한 사람들이라면 자기도 언젠가 저런 모습으로 죽게 될 것이라는 사실을 생각하지 않을 수 없다. 처음부터 인간에게는 매혹과 도취의 가능성과 함께 그보다 나은 가능성, 즉 마법에 저항하고 유혹에서 벗어나며 경계선을 거룩하게 지켜낼 수 있는 가능성, 요컨대 **하나님**을 알 수 있는 가능성도 주어져 있다. 거인처럼 솟구쳐 올라 신의 영역을 넘본 인간은 반드시 바닥으로 곤두박질치게 되어 있다. 그런 일이 일어나고 나서야 인간은 자신이 **꿈꾸던**, 그래서 **강탈한** 하늘과 **진짜** 하늘이 전혀 다른 것임을 깨닫게 된다. 인간이 남자와 여자로서 꾸는 성적인 사랑의 꿈, 천상의 신이라도 된 듯 황홀하던 그 꿈에서 깨어날 때, 어쩌면 그제야 비로소 맑은 정신으로 깨달을 수 있을 것이다. 무엇보다 이 영역에서는 그 누구도 경계선을 넘어설 수 없다는 소박한 진실을 깨닫는다. 이제 더 이상의 혼동은 일어나지 않는다. 남자는 남자대로, 여자는 여자대로 쓰라린 실망과 환멸 속에서 자기가 너무나도 지독한 포로 생활을 하고 있었다는 자각이 고개를 든다. 얼마 후 깊은 탄식이 터져 나온다. 남자도 여자도 아닌 새로운 인간, 전적으로 다른 인간을 갈구하는 간절한 탄식이다. 바로 그 탄식이 곧 하나님을 아는 자리이다. 이것은 인간이 제아무리 손을 내뻗어도 도달할 수 없는 어떤 것을 향한 탄식, 즉 부활을 향한 탄식이기 때문이다. 이 소설의 마지막 부분에 이르러 미챠 카라마조프와 지옥의 여인 그루셴카의 입에서 나온 탄식도 이것이다. 방황과 격정의 여행에 지친 두 사람은 탄식한다. 그리고 하늘나라의 문 앞에 서 있다.

그러므로 카라마조프 가문의 비극적인 소용돌이 안에도 어떤 깊은 의미, 최종적인 구원의 의미가 있다고 믿었던 **알료샤**의 믿음은 결코 허무맹랑한 믿음이 아니다. 카라마조프 가문의 피가 흐른다고 해서 무조건 구제불능의 운명 속에서 살아가야 하는 것은 아니다. 남자로 사는 것, 여자로 사는 것은 저주일 수도 있지만 위대한 약속이기도 하다. 사랑이 많은 곳에 용서도 많으리라.

—

알료샤는 부끄럼이 많은, 독특한 청년이다. 알료샤는 특히 조시마 장로의 영향을 많이 받았는데, 알료샤의 신비로운 믿음도 가만히 보면 언젠가 조시마 장로가 남긴 말에서 촉발된 것이다. 알료샤는 모든 사건을 철저하게, 깊이 있게 해석해낸다. 가장 혼란스러운 사건까지도 그렇게 해석할 수 있는 능력이 두 사람에게 내재되어 있다. 비록 그것이 전면에 부각되지는 않고, 볼린스키A. L. Wolynski의 표현처럼 "카라마조프의 세계에서 완전히 변방에 서 있는 수도원의 하얀 담장"*과 같은 것이라 할지라도…. 이것은 곧 생명을 마주 보고 살아갈 수 있는 가능성이다. 두 사람이 생명을 탐구하고 인식하고 해석하는 것처럼 우리도 그렇게 생명과 마주할 수 있는 가능성이다. 물론 이것은 무서울 정도로 크고 무거운 가능성이다. 그런데 이 가능성이 갑자기 변방에서 중앙으로 치고 들어올 수 있다. 이것이 핵심 주제가 될 수도 있다. 도스토옙스키의 작품 가운데 어쩌면 가장 심오한 작품이라고 할 수 있는 《백치》가 그걸 잘 보여주

* A. L. Wolynski, "Das Reich der Karamasoff" (München: 1920)

고 있다.

백치. 주인공 미시킨 공작은 간질을 앓고 있다. 스위스의 정신병원에서 오랫동안 치료를 받았지만 완치되지 못한 채 러시아로 돌아온다. 그는 친근하고 수줍음 많은 사람이며 아주 온순하고 어린아이같이 순진하다. "그의 눈은 크고 푸르렀다." 그에 대한 묘사가 이어진다. "그가 누군가를 바라보고 있노라면 결코 시선을 다른 데로 돌리지 않는다. 그의 목소리는 나지막하고 평화롭다." 심하다 싶을 정도로 격식을 모르고 너무나 단순해서 언제 어디서라도 손해를 보거나, 놀림을 당하거나, 손쉽게 이용당할 것 같아 보인다. 실제로 그에게는 그런 일이 비일비재하게 일어난다. 그가 사람들 앞에서 저지르는 실수들은 일일이 다 헤아릴 수도 없다. 그냥 보기만 해도 저절로 눈살을 찌푸리게 만드는 무례함, 민망하기 짝이 없는 부끄러운 행동거지, 안쓰럽기 짝이 없는 어리숙함이 시종일관 계속된다. 장군의 저택 현관에서는 하인 앞에서도 어떻게 처신해야 할지 몰라 쩔쩔매는 것으로 시작해서, 최고의 귀족들이 모인 자리에서 약혼자로 소개를 받았을 때는 거침없이 속마음을 쏟아내다가 결국 어설픈 손동작으로 값비싼 중국 화분을 박살내기까지 한다. 이런 인간은 도대체 뭐하러 이 세상에 있는 걸까? 그가 가는 곳마다 이 물음이 끊이지 않는다. 그런데 갑자기 기이한 일이 일어난다. 원래는 사람들이 미시킨을 보면서 던지던 물음이 이제는 그로 인해 다른 사람들에게 던져지는 질문이 되어 점점 더 강하게 다가온다. 세상에 둘도 없는 이 바보가 세상을 완전히 뒤집어놓기 시작한다. 아무리 봐도 정신박약이 분명한 이 머저리가 온갖 똑똑한 사람들, 지혜로운 사람들에게 진지한 성찰의 기회를 제공한다. 한심할 정도로 무방비 상태인 이 순둥이가 진짜 강자라는 사실, 천진난만한 이 얼간이가 무서운 파괴자라는 사실이 드러난다. 사회적인 형식과 관습을 내세우는 세상 사람들에게 그의 어리숙함과 무모함은 걸림돌이다. 모두가 거기 걸려 넘어지고 부서진다. 누구나 알고 있는 수천수만의 세상일을 그는 도무지 알지 못하는데, 이 무지가 허다한 세상일의 심각성을 해체하고 약화시킨다. 그의 순진함 앞에서는 그 누구도 저항하지 못하며 깊은 불안감을 느끼게 된다. 그는 사람을 아무런 의도 없이 대하는데, 이것이 모든 문을 여는 열쇠가 된다. 다른 사람을 지배하려는 욕심, 집착을 전혀 찾아볼 수 없다. 그렇기 때문에 그를 완전히 신뢰하고 그에게 굴복하지 않을 수 없다. 이런 미시킨에게 가까이 다가온 두 사람이 있다. 창녀 **나스타샤**, 그리고 그녀에게 매혹당한 **로고진**이다. 그들은 무서운 존재들이다. 이 이야기에서 그들만이 유일하게 미시킨에 필적할 만한 인물이다. 세 사람의 관계는 끔찍한 형태로 얽히고설킨다. 백치가 창녀를 사랑한다. 하지만 그에게 '사랑'이 뭘 의미하겠는가? 다른 남자는 질투에 휩싸여 그녀를 죽인다. 두 남자는 그녀의 시체 곁에서 마지막 밤을 보낸다. 자기를 차지하기 위해 격돌했던 두 남자 사이에서, 그녀는 마치 "격정의 바다가 토해낸 듯"(볼린스키)* 차갑고 경직된 채로 누워 있는 것이다. 이렇게 상상을 초월하는 사건의 소용돌이 속에서도, 처참한 에로스의 소용돌이 속에서도 백치 미시킨 공작은 끝까지 미혹되지 않은 한 사람, 뭔가를 알고 있기에 누구보다 우위에 있는 사람이며, 바로 그렇기 때문에 근본적인 의미에서는 가장 섬뜩한 사람이다. 하지만 그는 변함없이 어린아이 같고, 순박하고, 인생을 잘 모르는 간질병자이며, 이것이야말로 그의 존재의 본질을 고스란히 드러낸다.

백치의 존재는 우리에게 무겁고 유일한 질문으로 다가온다. 인생의 참된 의미란 얼마나 깊이 감춰져 있는가? 그 의미를 깨달은 지혜로운 사람은 도리어 오해의 대상이 되고, 심지어 바보 취급을 당한다. 그 의미를 품고 살아가는 강자는 도리어 약자 취급을 당한다. 그 의미를 먹고 살아가는 건강한 사람은 오

• A. L. Wolynski, "Das Buch vom großen Zorn" (Frankfurt: 1905)

히려 환자 취급을 당한다. 또 다른 질문이 제기된다. 이 땅 위에서 벌어지는 모든 사건에 대한 참된 해석과 의미는 완전히 무시당하고 있지 않은가? 그래서 이 세상에서 무시당하며 사는 사람들, 예컨대 창녀, 살인자, 미친놈이라며 손가락질 받는 사람들이 오히려 사건의 의미를 정확하게 포착해낸다. 이 의미와 해석이 다시금 전면에 부각되면, 처음에는 그것이 익숙한 모든 것에 대한 방해로 느껴진다. (그것은 우습기 짝이 없는 순진함이요, 바보 같은 생각이다.) 지금까지 우리가 생각했던 것, 예상했던 모든 것과 대비되는 너무나 낯선 것, 완전히 다른 것으로 다가오는 것이다.

이러한 역설의 극단에는 도스토옙스키의 백치가 자신의 가장 심오한 깨달음과 "아름다움과 위대함과 영원함, 그리고 감격 속에서 하나님을 보면서 생애 최고의 경지와 아우러짐"을 체험하는 순간이 하필이면 발작의 순간이라는 사실이 있다. 간질이 일으키는 엄청난 발작으로 입에 거품을 물고 쓰러지는 바로 그 순간 말이다. 어떻게 그런 순간에 깨달음이 솟아나는 것일까? 이 기묘한 현상의 심리학, 혹은 병리학에 대해서는 여러 가지 의견과 추측이 있어왔다. 도스토옙스키 자신의 체험이 여기 반영되어 있다는 주장이 있기에 더욱 그러하다. 그 역시 신비스럽고 거룩한 병으로 고생을 했는데, 심하게 앓거나 발작을 할 때 최고의 깨달음을 얻을 수 있었노라고 술회하기도 했다. 그러나 이 수수께끼 같은 순간의 본질은 심리적인 요소도, 감정의 고양도, 신화적인 황홀경도 아니다. 여기서 본질적인 것은 그 순간이—미시킨 공작도 말한 것처럼—"전혀 다른 찰나의 시간에 대한 **예감**豫感"이라는 사실이며 "그때 발작이 일어나고 섬뜩한 괴성이 터져 나오고 모든 인간적인 것이 사라져버리게 된다." 또한 본질적인 것은 이 시간은 사형수가 처형 직전에 경험하는 순간과 무서울 정도로 닮아있다는 사실이다. 본질적인 것은 그에게 다가오는 죽음의 순간, 그 절대적인 순간의 가까움이다. 여기서 우리는 다시 한 번 도스토옙스키 자신의 경험을 떠올리게 된다. 그는 죽음의 순간에 생명을 향해 비쳐드는 신기한 빛에 관해 말하고 있다. 젊은 도스토옙스키는 페테르부르크의 세메노브스키 광장에서 총살형이 집행되기 직전에 그 순간을 직접 체험했다. 그는 처형 직전의 그 짧은 시간을 평생 잊을 수 없었다. 단 몇 분에 불과했던 그 시간은 "그의 삶에서 가장 강렬했던 순간"(츠바이크)이었다. 그는 죽음의 관점에서 삶을 이해하는 법을 배웠다. 우리는 도스토옙스키의 철저한 깨달음을, 전무후무한 그 깨달음을 "죽음의 지혜"라고 불러 마땅

할 것이다.

도스토옙스키나 미시킨처럼 죽음에 비견될 만한 어떤 순간으로부터 최종적인 깨달음을 길어 올린 사람은 세상의 모든 것을 완전히 다른 방식으로 보고 이해한다. 그의 시선과 생각은 우리의 일상적인 시선이나 생각과는 전혀 다를 수밖에 없다. 여기서 우리는 일상적인 세계관과 인생관을 깨고 들어오는 철저한 의문의 파괴력을 가늠할 수 있다. 또한 여기서, 철저한 부정의 급진성 속에서 나타나는 **입장**Position의 의미와 무게, 전적인 다름도 가늠해보게 된다.

그런데 우리가 '입장'이라는 말을 쓰는 것은 결코 만만한 일이 아니다. (비록 여기서는, 특히 여기서는 그 말을 써도 되고, 쓸 수밖에 없지만!) 그도 그럴 것이, 이것은 우리가 평소에 '입장'이라고 부르던 것과는 다른, 그것도 완전히 다른 것이기 때문이다. 또 우리가 학교나 교회나 가정을 통해 널리 확산시키려고 했던 것, 곧 인간의 삶에 대한 긍정적이고 생산적인 관계와도 다르다. 백치가 견지하고 있는 태도는 우리가 일반적으로 '태도Haltung'라고 부르는 것과도 다른, 그것도 완전히 다른 것이다.

그의 주변에 있는 사람들은 이런저런 거부감에도 불구하고 왠지 모르게 그에게 끌리는 것을 느낀다. 그와 가까이 있으면 신기한 변화와 전환이 일어난다. 그가 있는 곳에는 알 수 없는 어떤 기운이 감도는 것 같다. 왠지 모르게 심오한 축복의 파장이 그에게서 퍼져 나온다. 마음 깊은 곳의 상처로 굳어진 사람이 그의 앞에서는 어린아이처럼 부드러워진다. 교만한 사람은 겸손해진다. 꼭꼭 잠가놓았던 마음의 문이 활짝 열린다. 타락한 인간의 내면에 부끄러움과 후회의 감정이 일어난다. 질투에 눈이 멀고 증오에 불타오르던 사람의 무장이 해제된다. 언제 울어봤는지 기억도 나지 않는 사람의 눈에서 눈물이 흘러내린다.

백치 안에 감춰진 긍정성을 가장 강렬하게 보여주는 것은, 무엇보다도 어린이들이 그를 제일 좋아한다는 사실이다. 이 소설은 시종일관 어린이와 관련된 장면을 비할 데 없이 부드러운 필치로 그려내고 있다. 하지만 그런 것을 토대로 이 책에서 온 인류와 어린이들의 친구인 일반적인 박애주의자의 이미지를 끌어내고자 한다면, 그것이야말로 가장 황당한 오해일 것이다. 왜냐하면 친근한 휴머니즘, 온화하고 붙임성 있는 자세, 누구라도 쉽게 다가설 수 있는 분위기, 열정적으로 누군가를 가르치려는 생각이야말로 미시킨 공작에게서 전혀 찾아볼 수 없는 특징이기 때문이다. 그는 흔히 생각하는 천사 같은 스타일이 아니다. 그의 존재를 규정하는 가장 핵심적인 특징은 그의 절대적인 모호성이다. 그의 태도에서 나타나는 긍정적인 것은 철저한 포착 불가능성이다. 직접적으로는 알 수 없는 것, 오직 간접적으로만 파악할 수 있는 것, 눈에 보이지도 않고 가까이 다가갈 수도 없는 어떤 것이다. 그에게서 발산되는 축복의 기운이나 그가 이 세상에게 주는 대답은 우리가 일반적으로 만나는 천사 같은 인간들의 이런저런 대답이나 친절함, 교훈적인 영향력과는 전혀 차원이 다르다. 심지어 이 괴팍한 성자聖者를 만난 어린이들은—도스토옙스키의 다른 작품에서도 마찬가지인데—처음에는 격렬하게 혐오하는 반응을 보인다. 그는 무조건 아이들에게 잘 해주는 사람이 아니다. 무조건 좋은 말을 해주고, 달래주고, 뭐든 가르쳐주고 베풀어주는 방식이 아니다. 그에게서 그런 모습은 찾아볼 수가 없다.

이 책의 앞부분에서 주인공 미시킨은 이런 말을 한다. "이제 나는 사람들에게 다가가려고 합니다. 어쩌면 사람들을 잘 이해하지 못할지도 모르죠. 어쩌면 사람들과 같이 있는 걸 힘들어하고 외롭다고 느낄지도 모르고요. 하지만 모든 사람을 솔직하고 진실하게 대할 거예요. 제가 할 수 있는 건 거기까지랍니다." 이것이 그의 원칙이다. 하지만 사실은 원칙이 아니며, 가시적인 입장도 아니고, 명확하게 인지할 수 있는 목표도 아니다. 다시

한 번 말하지만, 그에게서 직접적으로 나타나는 가장 독특한 것은 다른 사람들에게서 흔히 나타나는 특성이 전혀 보이지 않는다는 사실이다. 그는 부끄러움이 많고, 수줍음이 많으며, 소심하다. 현실 감각이 너무 떨어져서 언제나 허둥지둥 어쩔 줄을 모르고, 적당히 현실에 어울려 살아갈 줄도 모른다. 그래서 그는 언제나 실패자다. 다른 사람들은 아무 문제없이 할 수 있는 일도 그에게는 불가능하다. 이를 보여주는 대표적인 장면이 미시킨 공작의 집에 예판친 가문 사람들이 찾아왔을 때다. 헤르만 헤세는 《백치》를 생각하면 제일 먼저 떠오르는 장면이 바로 이 부분이라고* 했다. 미시킨이 간질 발작을 일으키고 며칠 지나지 않았을 때, 예판친 가문 전체가 방문한다. 이 명랑하고 우아한 만남의 자리에 갑자기 젊은 혁명가들과 허무주의자들이 끼어든다. 한쪽에는 품위와 돈, 세력이 있는 보수적인 성향의 상류층 인사들이 있고, 다른 한쪽에는 모든 것을 해체하고 전통을 혐오하는 것 외에는 아무런 관심도 없는 분노의 청년들이 있다. 미시킨은 양측 어디에도 속하지 않고 가운데에 덩그러니 홀로 서 있다. 양측 모두 그를 비판하며 극도로 예민한 상태에서 그를 지켜보고 있다. 결국 이 장면은 어떻게 끝나는가? 미시킨 공작은 어느 쪽에도 쓸모가 없다는 사실이 드러나 결국

• H. Hesse, "Blick ins Chaos", S. 23~24.

양쪽 모두 그를 배척하게 된다. 구세대를 공격하는 신세대 진영이나, 거꾸로 젊은 세대를 비판하는 기성세대 진영이나 한목소리로 그를 성토한다. 그 순간 사람들 사이의 극단적인 대립, 나이와 성향에 따른 대립이 완전히 녹아 없어진다. 미시킨에게 반대한다는 점에서는 모두 완전히 한마음이 된다.

이 사람은 도대체 누구이기에 사람들 틈바구니에서 이처럼 처절하게 외로워야 하는가? 그는 일반적으로 우리가 알고 있는 모든 입장과는 완전히 다른 곳에 서 있는 것 같은데, 도대체 그 입장은 어떤 것인가? 이 수수께끼 같은 존재의 시선과 생각과 언어는 **어디에서** 나오는 것일까? 그가 보여주는 모든 것은 **어디로** 향하는 것일까? 우리가 이미 알고 있는 모든 입장과 대립하는 것이 분명한, 그의 알 수 없는 입장은 도대체 실체가 뭘까? 일반적으로 의미가 있다고 여겨지는 모든 것들이 갑자기 의미 없는 것으로 보이게 만드는 그것의 의미는 뭘까? 죽음의 순간에 비로소 솟구쳐 흐르는 삶에 대한 깨달음이란 도대체 뭘까? 우리는 이런 질문을 가지고 백치의 신비 앞에 서게 된다. 아니, 어쩌면 우리는 이미 그 신비 안에 있다. 앞서 말한 질문 자체가 곧 대답이기 때문이다. 그는 인생의 최종적인 근거를 탐색하는 과정에서 인생 자체를 해체한다. 모든 것의 최종적인 근거를 찾고 또 찾는 그에게 이 세상의 이런저런 입장들은 충분히 크지도 넓지도 깊지도 않다. 그래서 그 모든 입장들을 해체함으로써 최종적인 근거를 가리키고자 하는 것이다. 하나님만이 가지고 있는 영원한 입장을 추구하기 때문에 다른 모든 인간적인 입장들은 언제나 그냥 지나칠 수밖에 없다. 불안하고 의심스러운 인생의 문제를 떨쳐낸답시고 이리저리 긁어모아 놓은 일시적인 대답과 해법은 전혀 만족스럽지 않기 때문에, 최종적인 근거를 찾는 모든 시도가 언제나 의문투성이라는 사실을 계속해서 새롭게 발견하는 것이 그의 과제가 된다. 참으로 기이하고 외로운 과제가 아닐 수 없다. 그런 면에서 미시킨은 어린이들과 닮았다. 인생의 거대함, 끔찍함, 모호함에 대한 놀람과 경탄을 간직하고 있는 어린이들 말이다. 그래서 그는 어린이들과 허물없이 어울릴 수 있는 것이다. "어린이한테는 모든 걸 물어볼 수 있죠, 정말이지 모든 걸! 게다가 어린이들이 얼마나 똑똑한지 몰라요. 어른들은 아이들이 너무 어리고 너무 모르는 게 많다고 생각하지만, 사실은 모든 걸 이해할 수 있다니까요!" 이 말은 교육적인 의도와는 전혀 무관하다.

자, 이제 백치의 존재가 우리의 삶에 어떤 신기한 변화를 일으키고 있다는 사실을 알게 된다. 그의 존재를 통해 모든 인생이 온통 의문투성이라는 사실이 갑작스레 드러난다. 마치 어떤 질병이 발견되는 바람에 간절한 마음으로 치유를 구하게 되는 상황이다. 그의 존재는 다른 어떤 사람과 비교될 수 없다. 그에게서 나타나는 모든 것은 그의 존재 자체가 아니라 어떤 **최종적인** 진리, **최종적인** 해답을 향해 나아간다. 그래서 백치는 완전히 역설적인 태도, 인간적으로는 완전히 불가능한 태도를 취하고 있다. 최종적인 답을 찾아가는 과정에서 그의 존재는 문제 그 자체가 된다. 삶 전체가 문제가 된다. 도스토옙스키는 백치의 모습을 통해 파격적인 문체로 그 모든 과정을 묘사한다.

그러므로 《백치》도 삶의 '표현 불가능성das ineffabile', 곧 하나님의 신비를 다루고 있다. 라스콜리니코프를 뒤흔들었던 그것, 카라마조프의 남자들이 격정에 사로잡혀 뛰어들었던 그것 말이다. 미시킨은 끝없는 질문 속에서 삶의 궁극적인 근원까지 파고 들어가려 한다. 그 점에 있어서 미시킨은 라스콜리니코프나 카라마조프가의 남자들과 비슷하다. 그러나 그들이 모르는 것을 미시킨은 알고 있다는 것이 큰 차이다. 그들은 삶의 근원이 이 세상에 있지 않고 **하나님** 안에 있다는 사실, 하나님이 **존재한다**는 사실을 처음에는 알지 못하다가 고통과 고난을 겪은 뒤에야 비로소 깨닫게 된다. 미시킨은 라스콜리니코프처럼 그 사실에 흔들리지도 않고, 그 불가사의한 실체를 어떻게든 표현하려고 대담무쌍한 계획을 실행에 옮기지도 않는다. 카라마조프가의 남자들처럼 그 실체를 어떤 식으로든 규정하고 그것의 형체와 이미지를 만들어내려고 하지도 않는다. 미시킨도 미챠 카라마조프처럼 여인의 아름다움, 여인의 사랑, 여인의 매력이 얼마나 강력한지 알고 있다. 한번은 어느 매혹적인 여인을 그린 그림을 보고는 "얼마나 아름다운 얼굴인가!" 하고 탄성을 지르면서 그림에 대고 감격의 입맞춤을 퍼붓는다. 자신을 감동하게 만드는 것, 즉 궁극적인 것, 가장 위대한 것, 말로 표현할 수 없는 것, 신적인 것, 오직 이미지와 비유로 표현할 수 있는 것에 관해 말하고 싶었던 그에게 아름다움은 가장 적절한 비유가 되어주었다. 아름다움은 세상적인 빛 속에서도 그가 말하고 싶은 것, 그러나 말할 수 없는 낯선 것을 가리키는 암시로 충만하기에 (최고의) 비유인 것이다. 그는 아주 의미심장한 지점에서 이렇게 말한다. "아름다움이 세상을 구원할 거야." 물론 그 아름다움은 암시와 이미지와 비유에 불과하다. 그것이 실체 자체가 될 수는 없다. 그는 아름다움을 신적인 것으로 미화하지 않는다. 아름다움에 고취되어 자기가 올림포스의 신이 되어버리는 헛된 꿈에 빠져들지 않는다. 그는 다른 사람들, 즉 무언가에 매혹된 위대한 인물들이 마지막에 가서야 도달한 곳에 이미 서 있다. 그는 이미 라스콜리니코프가 마주했던, 심판과 "새로운 직관"의 빛 속에 서 있다. 미챠 카라마조프가 겸손하면서도 강렬한 탄식으로 부활을 부르짖는 자리에 이미 와 있다. 그러므로 백치는 《죄와 벌》의 라스콜리니코프가 걸어온 길을 제대로 계승하고, 미완성으로 남은 《카라마조프가의 형제들》의 나머지를 채운다. (비록 시간적으로는 《백치》가 먼저 쓰였지만 말이다.) 그는 궁극적인 것의 경계선을 침범하지 않으며, 영원한 간격을 단축시키지도 않는다. 오히려 그것을 지켜준다. 그는 영혼의 온 힘을 다해서 가장 먼 지점까지 이르려고 한다. 그 지점에서는 모든 것이 하나님 안에서 시작되고 하나님 안에서 끝난다. 오직 죽음과 탄생에 비견될 수 있는 지점이다. 백치는 바로 그 지점에서 생각하고 말한다. 그게 아니라면 적어도 필사적으로 그 지점에 가까이 가려고 한다. 그의 원수이면서 친구이기도 한 로고진이 말한 것처럼 이것이야말로 "백치가 소유한 최고의 능력"의 핵심이다. 그의 능력은 "그런 걸 꿈도 꾸지 못하는 사람들이 가진 걸 죄다 합친 것보다 크고 훌륭하다." 이렇게 그는 자신의 하나님을 선포한다. 그렇다, 이것이 그에 관해 말할 수 있는 최고의 것이자 진실로 긍정적인 것이다. 이것이 그의 참된 비밀이다. 그렇다, 그는 **하나님**을 선포하고 있다. 특별한 말이나 행동으로 그렇게 하는 것은 아니다. 하지만 그의 모든 말과 모든 행동은—도저히 설명은 불가능하지만—하나님 안에 있는 생명의 의미와 근원을 가리키는 징후로 가득하다. 그래서 그가 가는 곳 어디서나 모든 사람과 사물 속에 감춰져 있는 창조의 흔적, 또한 그 안에 깃들어 있는 신비로운 열망, 곧 부활을 향한 열망이 밝히 드러나는 것 같다.

이런 면모는 백치와 **나스타샤**의 관계에서 가장 선연하게 드러난다. 그에게 여인은 나스타샤의 모습으로 찾아온다. 이 여인에게 있는 아름다움의 힘, 모든 것을 사로잡고 매혹하는 능력은 그루셴카를 능가하는 것 같기도 하다. "이 정도의 아름다움이라면 온 세상을 뒤집어 놓을 수 있어." 여기서 우리는 에로스가 자기 너머의 목표를 추구하지 않는다면 어떤 결과가 오는지를 아주 분명하게 알 수 있다. 인간은 스스로 신과 같이 되려고 한다. 그래서—만일 그런 시도가 성공한다면—하나님으로부터 등을 돌린 존재, 하나님으로부터 떨어져 나온 존재가 어떤 것인지를 가장 압도적이고 악마적으로 구현한다. 물론 이것도 그런 시도가 성공한다는 전제하에서 그렇다! 사실상 시도에서부터도 완전히 성공하지는 못한다. 요란스레 흥청거리는 사랑의 축제가 한창인데 유리에 금이 가는 소리가 들린다. 인간의 궁극적인 불안, 그 나지막한 불안 속에서 서서히 다가오는 위기가 보인다. 미시킨 공작은 나스타샤를 처음 본 순간부터 이러한 불안을 끝끝내 감추지 못하는 마음의 떨림, 그 궁극적인 떨림을 감지했다. 그는 말한다. "정말 놀라울 정도로 아름다운 얼굴이야… 하지만 그 얼굴에는 너무나 많은 고통이 있어." 그리고 뜨거운 연민의 정이 불타오른다. 그는 이 연민으로 그녀를 사랑한다. 그녀의 영혼 속에 있는 신비로운 분열 때문에 그녀를 사랑한다. 왜냐하면 그 분열은 곧 얽매임을 가리키며, 그 얽매임은 곧 구원을 가리키기 때문이다. 나스타샤는 로고진이 폭포수처럼 쏟아붓는 격정보다도 미시킨의 연민과 사랑에 더 마음이 흔들린다.

에로스의 마술이 더 강력한 마술 앞에 무릎을 꿇었다고나 할까? 상대방의 아픔을 함께 아파하는 사랑의 힘 앞에서 큰 감동과 위로를 느낀 것은 그 여자만이 아니다. 그 사랑은 그녀 안에 있는 **인간**을 어루만지고 토닥여준다. 나스타샤는 말한다. "공작이요? 그 사람은 나에게 처음으로 진정한 사랑을 베풀어준 사람이지요. 그 사람은 나를 처음부터 믿어주었어요. 그래서 나도 그 사람을 믿지요." 결정적인 변화는 일어나지 않았다. 나스타샤는 과거의 모습을 탈피하지 못하고 끝내 치명적인 몰락의 길을 걸어간다. 여기서도 이런저런 인간적인 가능성은 최종적인 해법이 되지 못한다. 여기서도 부정적인 요소들만 끝까지 지속된다. 그러나 바로 그렇기 때문에 더욱 분명하게 드러나는 사실이 있다. 인간의 온갖 어리석음과 모든 실수를 덮고도 남는 위대한 **용서의 빛, 눈으로는 볼 수 없는** 빛, **이 세상에 속하지 않은** 빛은 오직 하나님의 빛이라는 사실 말이다.

용서, 곧 죄의 용서! 어쩌면 이것이야말로 인간의 삶 속에서 얽히고설킨 모든 혼란의 해명과 해결이 갖는 가장 심오한 의미를 짚어주는 단어가 아닐까?《카라마조프가의 형제들》에서 알료샤와 조시마 장로가 생각했던 것, 도스토옙스키가《백치》를 통해 생생하게 보여주려고 했던 것 아닐까? 물론 이 소중한 단어는 수없이 오용되어왔다. 그래서 차라리 그 단어를 쓰지 않는 것이 좋겠다는 생각이 들기도 한다. 그러나 이 경우에는 이보다 적합한 말이 없을 것이다. 게다가 이 단어는―도스토옙스키 스스로도 고백했듯이―이 책의 심오한 주제가 지시할 수밖에 없는 한 분, 곧 **그리스도**를 지시하고 있다.

바로 이 지점에서 도스토옙스키의 깨달음과 성서의 궁극적인 통찰이 근본적으로 일맥상통한다는 사실이 명백해진다.

3

도스토옙스키의 관점

이제 우리는 도스토옙스키 작품 속의 인물에 대한 탐색을 여기서 멈추려고 한다. 우리가 반드시 짚고 넘어가야 할 것은 이미 충분히 살펴보았기 때문이다. 우리는 인간에 관한 질문을 가지고 도스토옙스키에게 다가갔다. 그런데 그는 인간의 모습을 그려내 보여주면서 그 질문을 우리에게 되돌려주었다. 그가 보기에 인간은 그 자체가 하나의 질문이다. 자기 삶의 근원에 대한 질문, 단 하나의 위대한 질문, 하나님을 향한 질문과 다름없다. 그의 작품에서 우리에게 깊은 인상을 주는 강력한 흐름을 다른 방식으로는 설명해낼 수가 없다. 《죄와 벌》, 《카라마조프가의 형제들》, 《백치》를 유심히 살펴보면 그 흐름이 아주 뚜렷하게 드러난다. 우리는 궁극적인 답을 추구하는 질문, 곧 하나님에 관한 질문에서 생겨나는 문제야말로 《백치》의 주제라고 말했다. 하지만 이는 도스토옙스키의 작품에 등장하는 모든 인물에게서 느껴지는 주제다. 어쩌면 이것이 **그의** 인간관 자체라고 할 수도 있을 것이다. 인물들은 모두 아파 보인다. 겉으로는 드러나지 않는 비밀스러운 상처 때문인 듯하다. 그 상처는 곧 삶에 대한 질문이다. 깊고도 집요하게 질문하지만 그들 스스로는 대답을 찾을 수 없다. 결국 그들은 자신의 상처와 아픔 속에서 참된 회복을 맛보게 된다. 궁극적인 질문 때문에 괴로워하던 바로 그 자리에서 삶의 의미를 발견하기 때문이다. 궁극적인 질문이 있는 곳에 궁극적인 해답도 있기 때문이다. 궁극적인 해답과 관련한 질문이 아니라면 무엇이 그곳에 있겠는가? 우리는 질문에 대한 궁극적인 대답을—그것이 **궁극적**이기 때문에—오로지 질문 속에서만 붙잡게 될 것이다. 그리고 질문 안에서는 **반드시** 그 대답과 만나게 될 것이다. 도스토옙스키가 그려낸 인물들은 하나같이 질문을 던지는 존재로 묘사된다. 그들은 모두 자기 자신 너머의 어떤 것을 가리키는 존재다. 폭풍우처럼 몰아치는 격정 속에서, 난마처럼 뒤엉킨 생각 속에서, 치열한 대화 속에서, 말로 표현할 수 없이 거대한 것, 멀고도 가까운 것, 죽음 너머에 있지만 죽음 이편에 있는 그것에 사로잡힌 존재다. 하지만 이 점에서 그들은—본인들의 의지와는 상관없이—바로 그것을 전하는 존재다. 또한 목숨을 걸고 그것을 증언하는 사람이며, 그것에 사로잡힌 채 그것을 가리켜 보이는 존재다. 그들은 스스로 질문을 던지고 있으나 스스로 답을 준다. 스스로 찾아 헤매고 있으나 오히려 많은 사람들이 그를 찾아 헤맨다. 말로 표현할 수 없이 위대한 것을 지시하고 암시하면서, 바로 그것이 현존한다는 사실의 증거이자 표징이 된다.

> 주님께서 나의 앞뒤를 두루 감싸 주시고, 내게 주님의 손을 얹어 주셨습니다. 내가 하늘로 올라가더라도 주님께서는 거기에 계시고, 지옥에 자리를 펴더라도 주님은 거기에도 계십니다.
>
> 시편 139:5, 8

그들의 무한한 격정은 오히려 생명이 무한함을 암시하고, 그들이 겪는 거대한 곤경은 그들을 괴롭히는 존재의 거대함에 대한 지식을 전한다. "다른 쪽 해안을 향한 그리움의 화살"(니체)일까? 어쩌면 그쪽에서 이쪽으로 보낸 사람들, 미지의 하나님께서 보낸 사람들일 수도 있다. 들을 귀 있는 사람은 들어라! 이것이 도스토옙스키의 인물들이다.

하지만 **그의** 인물들만 그런 걸까? 도스토옙스키 작품의 등장인물들이 모두 '러시아 사람들'이라는 이유로 의심하고 거부

반응을 보이는 사람들이 있다. 우리는 그런 사람들과는 전혀 다른 세계에 살고 있다고 생각하고 싶은 것이다. 너무나 비현실적이고 극단적인 인물들, 언제라도 하늘로 솟구치거나 지옥으로 추락하는 존재들, 허황된 형이상학적 고민에 사로잡혀 휘청거리며 괴로워하는 인간들과 우리는 완전히 다르다고 믿고 싶은 것이다. 저런 인간들은 (레닌이나 볼셰비즘도 싸잡아서!) 서구 유럽의 경계선 너머, 저 먼 동쪽의 나라, 너무나 광활한 나라에나 존재하는 것이라고 생각한다. 그런 나라에서 한때 우리 쪽으로 넘어온 이방인에 불과하다고 믿고 싶은 것이다.

그런 사람들은 도스토옙스키의 작품보다는 훨씬 친절해 보이는, 혹은 실제로 그런 작품들, 예컨대 예레미아스 고트헬프의 소설처럼 "더 건전한 음식"을 권한다. 물론 여기서 아주 우스꽝스러운 모순이 드러난다. 도스토옙스키의 "불건전한 **과장**"을 배격하는 사람들이 동시에 그의 철저한 **사실주의**를 싫어하니 말이다. 우리는 이런 현상을 관찰하면서, 어쩌면 두 특징 사이에 어떤 내적인 연관성이 있을 수도 있다는 추측을 하게 된다. 그렇다면 그 둘은 구체적으로 무엇일까? 하나는 도스토옙스키가 특유의 사실주의로 그려낸 인물들의 '인간성'이다. 다른 하나는 바로 그 인물들의 '과도한 도약', 삶과 죽음 너머의 세계를 향해 영원히 도약하는 것, 무한의 세계를 바라보며 나아가는 것이다. 어쩌면 바로 그 양극성이야말로 도스토옙스키 인간관의 총체적인 의미일 수도 있다. 그러므로 우려 섞인 눈빛으로 도스토옙스키를 거부하는 사람들이 그의 작품에서 드러난 비인간적이고 탈속적인 특성 때문에 싫어하기도 하지만, 너무나도 인간적이고 세속적인 특성 때문에 싫어하기도 하는 것은 지극히 당연한 일이다. 그 둘이 동전의 양면과 같기 때문이다.

하지만 이것 하나는 짚고 넘어가야 할 것 같다. 앞서 밝힌 이유에서 도스토옙스키를 거부하는 독자들이 그래서 차라리 예레미아스 고트헬프를 읽겠다고 생각하는 것은 말이 되는가? 그들은 고트헬프의 작품에서 그저 고향의 정취나 영적 보살핌의 신학을 찾아내려고 한다. 그러나 고트헬프의 글에 감춰진 메시지가 그들의 귓가에 무시무시하게 들려올 날도 머지않았다. 고트헬프의 작품이 그려내는 베른 지역이 얼핏 건전해 보이지만, 실제로는 그 베른과 도스토옙스키가 그리는 러시아 간의 차이는—지리적인 거리에 비하면—그렇게 크지 않다. 고트프리트 켈러Gottfried Keller의 경우는 "건전함"이 지나칠 위험성이 크다고 말할 수 있지만, 예레미아스 고트헬프의 경우에는 그렇지 않다. 고트헬프의 단편에서 조금씩 드러나기 시작했던 것이 도스토옙스키의 장편에서 폭발적으로 분출했다고 봐야 할 것이다.

다시 본론으로 돌아오자. 도스토옙스키의 글에서 모든 인간적인 것을 훌훌 뛰어넘는 경향이 나타나지만 그런 경향을 드러내는 인간의 모습은 오히려 철저하게 사실주의적으로 묘사된다. 이 사실을 정확하게 파악하는 것이 중요하다. 이에 따라 무한을 향해 솟구치는 경향마저도 사실주의에 기반한다고 주장할 수 있다. 도스토옙스키가 그려낸 인간들은 예외 없이 그런 경향을 드러낸다. 이는 경우에 따라 생략이 가능한 경향이 아니다. 있어도 그만 없어도 그만인 경향이 아니다. 그의 작품에 나타나는 모든 경향 중에서도 가장 본질적인 특성이며 방향성이다. 도스토옙스키의 인물들이 지닌, 알 수 없는 저쪽을 향해 경계를 뛰어넘으려는 성향과 사실주의 사이의 연관성을 도스토옙스키 자신도 똑똑하게 의식하고 있다. 그는 "완전한 사실주의를 통해 인간 안에 있는 **인간**을 발견하는 것"이야말로 자기 예술 작품의 핵심적인 경향이라고 말한다. 그러므로 그가 그려내어 보여주는 것은 단순히 어떤 민족의 특징이 아니며, 그가 묘사하는 러시아인은 단순히 **러시아의** 인간이 아니다. 모든 삶 속에는 "다른 쪽 해안을 향해" 도약하려는 경향이 우리가 생각하는 것보다 많이 내재되어 있다. 영원한 것에 대한 배고 픔과 목마름, 그리고 무한한 것에 대한 열정은 저 동쪽에 있는 나라에서만이 아니라 서방에서도 인간의 본질적인 성향인 것 이다. 그러므로 우리가 인생을 사실 그대로 바라보면 바라볼 수록 수수께끼처럼 비사실적인 것을 발견하게 되고, 세속적인 것을 깊이 바라보면 볼수록 모든 것의 밑바닥에서 무시무시할 정도로 탈속적인 것을 발견하게 된다. 결국 우리 눈앞에 있는 삶 전체는—도스토옙스키의 글에서와 마찬가지로—유일하 고 거대한 질문, 곧 미지의 신에 대한 질문 속에서 불타오르기 시작한다.

여기서 다시 한 번 다른 쪽으로 시선을 돌려보자. **엘 그레코** 의 그림이나, 수많은 비판의 대상이 되고 있는 **표현주의자**들 의 그림을 보면 사물이나 사람의 형체가 기이하게 늘어나거 나 움직이는 것을 볼 수 있다. 이미 어떤 사람들은 이들의 작품 이 도스토옙스키의 소설과 상당히 유사하다고 보고 있는데 이 것은 그 나름대로 타당한 이유가 있다. 그림 속 인물들의 형체 는 너무나 길쭉하고 이상한데, 그것은—엘 그레코의 경우를 보면 알 수 있듯이—보는 사람의 눈에 문제가 있어서가 아니 다. 그 화가들도 저편의 세계를 향한 인생의 깊은 경향성을 보아냈던 것이다. "이 죽을 것이 죽지 아니함을 입으리로다"(고린도전서 15:53). 그 화가들의 작품에는 미술적인 불가능성이 존재한다고 볼 수 있으며, 그 불가능성에 대해서는 다양한 의견이 있을 수 있다. 하지만 우리는 이것 하나만 기억하려고 한다. 지극히 평범한 그림들이나 일반적으로 인정받는 그림들이나 그림 속의 모든 선이 정확하게 하나의 유일한 점, 곧 그림 바깥에 존재하는 점과 연결될 때 제대로 된 그림이라 할 수 있으며, 우리가 원근법Perspektive이라고 부르는 것이 바로 그 연결을 가리킨다는 사실 말이다. 엘 그레코나 표현주의자들의 그림에 나타난 것은 비현실적인 세계의 부속물이나 기괴한 과장이 아니다. 모든 선들은 하나의 점, 곧 저 너머에 있는 소실점과 완벽하고 정확하게 연결되어 있다. 우리가 도스토옙스키의 인물들에게서 발견한 가장 큰 특징, 즉 무한한 미지의 세계를 향한 도약이 의미하는 것도 바로 이것이라고 생각한다. 화가들에게는 각각의 선과 소실점의 긴밀한 연결이야말로 작품의 진실성을 보증한다. 도스토옙스키의 사실주의, 그러나 저 미지의 세계를 향해 나아가려는 경향, 이 두 가지의 양극성이야말로 그의 소설 가장 깊은 곳에 숨겨진 비밀이라는 우리의 주장도 같은 것을 의미한다.

도스토옙스키는 수많은 예술가 중에서 최고의 **심리학자**라 할 수 있다. 그렇게 불러도 전혀 문제 될 것이 없다. 하지만 그의 심리학은 하나의 심리학이 될 수가 없다. 끊임없이 스스로를 해체하기 때문이다. 왜 그럴 수밖에 없는가? 그가 인간의 내면 깊은 곳까지 파고들어 분석해낸 최종적인 결과, 모든 인간적인 것이 결국 모든 심리학적 실재 너머에 있는 소실점과 **종합적으로** 연결되어 있다는 결론에 도달했기 때문이다. 그의 심리학 아닌 심리학이 펼쳐 보이는 인생의 모든 그림이 가리키고 있는 것은 저 너머에 있는 소실점이다. 도스토옙스키도 이것을 잘 알고 있었기 때문에 심리학자라는 칭호를 거부했다. 그는 자신에 대해 이렇게 말한 적이 있다. "사람들은 나를 심리학자라고 부른다. 하지만 그건 옳지 않다. 나는 한 차원 높은 의미의 사실주의자에 불과하다. 나는 인간 영혼의 가장 깊은 곳을 낱낱이 보여줄 뿐이다."《카라마조프가의 형제들》에는 야심찬 법률가 한 사람이 등장한다. 피고인이 지닌 영혼의 참된 깊이는 전혀 헤아리지 못하는 그 사람을 비꼬는 맥락에서, 도스토옙스키는 "인간의 영혼을 너무나도 잘 알고 있다고 자부하는 선량한 심리학자"라는 표현을 쓴다.

　그런데 도스토옙스키가 "한 차원 높은 사실주의"를 말하는 걸 보니 차라리 **형이상학자**의 대열에 위치시키는 것이 나을까? 누군가는 이미 그렇게 하기도 했으니, 필요하다면 그를 그렇게 부를 수도 있을 것이다. 하지만 그가 형이상학자라면, 그의 형이상학은 엄밀한 의미에서 **초월적인** 형이상학이 될 것이다. 그 형이상학은 어떤 물질적인 원리를 따지는 학문이 아니다. 그가 말하는 초월 세계는 저 위 어딘가에 있는 세계가 아니다. 우리가 의식하지 못하는 저 아래 영혼의 세계도 아니다. 모든 것의 기초, 토대, 운명은 어떤 식으로든 규정된 것이 아니며 또 규정될 수 있는 것도 아니기 때문이다. 이것은 한 그림의 원근遠近을 만들어내는 시점視點이 그림 안에 있을 수 없는 것과 똑같은 이치다. 그 점은 상상의 점이다. 현실 너머에 있다. 가장 바깥에 있으며, 가장 나중에 있으며, 아예 저편에 있는 그 점은 역사적·심리학적 실재의 세계를 벗어나 있다. 그 실재의 세계가 아무리 이상적으로 높고 심리적으로 깊다 하더라도, 또 그것이 아무리 정교하고 비밀스럽다 하더라도 그 안에는 있을 수 없다. 도스토옙스키는 그 실재 바깥에 있는 시점에 의해 인간의 삶 전체가 규정되어 있음을 보고 있다. 모든 점들과 이어지는 그 점은 바로 **하나님**이다.

하나님은 **하나님**이다. 이것이 도스토옙스키의 핵심적인 단

하나의 통찰이다. 이 하나님을 하늘 높은 곳의 왕좌에 앉은 인간-신으로 만들지 않는 것, 이상화된 인간 영혼의 일부나 이 세상 현실의 일부로 만들지 않는 것, 이것이 그의 유일한 노력이다.

이로써 우리는 마지막으로 도스토옙스키가 고민한 문제의 꼭대기에 오르게 된다. 그의 모든 작품은 **하나님**에 대한 질문을 붙잡고 씨름한다. 하나님은 모든 생명의 뿌리이며 이 세상 모든 것의 근거가 되는 밑바탕이다. 그러나 동시에 그 모든 것의 해체이며 고통이며 불안이다. 모든 실제적인 것에 깃들어 있는 수수께끼 같은 비실제성이다. 모든 세속적인 것을 향해 다가서는 탈속적인 것이다. 이 역설적인 진리의 변증법이 도스토옙스키의 모든 인물에게서 나타난다. 그들은 모두 하나님을 향해 나아가고 있으며, 아예 처음부터 하나님에 의해 움직이는 존재들이다. 그들은 도저히 충족될 수 없는 욕망의 소용돌이 속에서, 궁극적인 해답을 찾는 과정 속에서, 떠밀리듯 하나님에게 가까이 다가간다. 그러나 그곳에 이르는 발걸음은 인간이 내딛는 발걸음이 **아니다.** 왜 그런가? **인간**이 하나님이 될 수 있다면, 그런 하나님을 하나님이라 할 수 있겠는가? 하늘을 향해 돌진하려는 시도는 모두 좌절될 수밖에 없다. 그렇다면 인생의 의미는 무엇인가? 이제 우리에게 남은 것이라고는 그 문제 자체에 내포된 무시무시한 긴장, 종말론적인 긴장뿐이다. 그의 책은 첫 페이지부터 마지막까지 그 긴장을 유지하고 있다. 주인공의 등장, 외모, 행동을 그려내는 도입부의 가벼운 터치에도 구원을 갈망하는 인간의 불가사의함이 표출된다. 그 불가사의함이 전개되면서 소설 전체의 중심적인 내용을 구성한다.

도스토옙스키의 인물들은 모두 시작도 끝도 없는 길을 걸어간다. 그 길 위에서 수많은 일이 일어난다. 때로는 위대한 일이, 때로는 끔찍한 일이 일어난다. 그러나 독자가 매번 마지막에 던지는 질문은 아주 유사하다. '도대체 무슨 일이 일어났던 걸까? 무언가가 바뀐 걸까? 이 난해한 수수께끼를 만족스럽게 해결할 방법을 찾았을까? 사회는 개혁된 것일까? 적어도 개혁에 이르는 길이 발견되어 제시되기는 한 걸까? 악마도 천사가 될 수 있나? 그것이 불가능하다면, 적어도 인간이 성자가 될 수는 있을까?' 대답은 언제나 동일하다. '그런 일은 일어나지 않아!' 인간은 결국 아무런 결론도 찾아내지 못한다. 사회는 과거나 지금이나 부패했고 불확실하며 개인들은 모순투성이다. 독일 문학의 전통에서 명성이 자자한 발달 소설Entwicklungsroman들의 경우처럼 결론부에 이르러서는 한층 성숙된 인간, 깨우침에 다다른 인간, 고통을 통해 정화된 인간의 모습을 만나야 하건 만 전혀 그렇지가 않다. 오히려 정반대의 상황이 벌어진다.《죄 와 벌》그리고《카라마조프가의 형제들》의 결말은 시베리아의 형무소다.《악령》의 스타브로긴은 마지막 페이지에서 스스로 목을 매어 죽는다.《백치》는 다시 정신병원으로 돌아간다. 그런 데 잠깐! 그래도 뭔가가 일어났다. 뭔가가 시작됐다. 인간적인 모든 것의 불확실성은 더더욱 강력해졌다. 모든 인간 실존에 드리워진 문제는 더더욱 간절하게 궁극적인 대답, 즉 하나님의 대답을 듣기 위해 부르짖는다. 이것이 결론이다!

다시 한 번 정리해 보자. 만일 인간의 삶이 이런 모습이 아니 었다면, 그 대답이라는 것도 **하나님**에게서 나올 수 없을 것이 다. 그러나 그 대답은 하나님 안에 있기 때문에, 오직 그분 안 에만 있기 때문에, 인생의 참된 깨달음에 도달한 사람의 마지 막 한마디는 하나님에 대한 물음일 수밖에 없다. 그 질문이 가 장 강렬하게 들려오는 곳에서 인생의 의미도 가장 순수하게 드 러난다. 만일 우리가 이것을 깨달았다면, 마지막 한마디 너머에 있는 말을 용기 있게 해볼 수 있다. '만일 하나님이 진정한 대답 이 아니라면, 그 하나님은 참 하나님이 아니다' 하고 말이다. 그 러므로 인생의 진정한 깨달음에서 나온 마지막 말이 그저 문제적이라고만 할 수는 없다. 그 뒤에서 마지막 너머의 말이 드러나기 때문이다. 인간에게는 불가능한 것이 하나님에게는 가능하다. 우리 인간은 그분을 향한 발걸음을 내디딜 수 없지만, 그럴수록 우리를 향해 다가오시는 그분의 발걸음은 더 확실하다. 여기서 **계시**가 선포된다! 도스토옙스키의 소설에서는 종말론적 긴장이 종말론 그 자체로 발전한다. 그의 소설이 제시하는 마지막 너머의 마지막 한마디는 **부활**이다. 온 인류가 어두운 낭떠러지 아래서 허우적대고 있지만 그 위로 위대한 **용서**의 빛이 비쳐온다. 저편에서 다가오는 빛이다.

도스토옙스키의 인물들은 자신의 물음에 대한 대답을 찾지 못한 채, 완전히 허물어지고 부서진 상태로, 모조리 파헤쳐지고 뒤흔들린 상태로 인생의 문제와 마주 서 있다. 모두가 죽음을 눈앞에 둔 것 같은 상황이다. 그리고 작품에는 위대한 모습으로 죽어가는 사람들이 있다. 《카라마조프가의 형제들》에서는 조시마 장로가 그렇고,《미성년》에서는 경건한 노인이자 순례자인 마카르 이바노비치가 그런 사람이다. 그들의 죽음에는 새로운 탄생이 깃들어 있다.《죄와 벌》에서는 그것을 "다시 태어남"이라고 한다. 그들의 존재가 완전히 허물어진 자리에 "이 세계에서 다른 세계로 넘어가는 다리"가 있으며《죄와 벌》, 치열한 질문이 있는 자리에 "지금까지 알려지지 않은 새로운 실재를 알게 됨"(마찬가지로《죄와 벌》)이 있다. 그들은 어떤 확실한 해법이나 대답을 손에 쥐지는 못한다. 그러나 한 번도 본 적이 없는 **희망**의 빛이 그들을 비추고 있다. 구원이 **하나님**의 손에서 오고 있다는 희망이다.

이것이야말로 **마지막 너머의 마지막** 한마디, 최종적인 깨달음이다. 희망의 빛이 허물어지고 부서진 인간들, 살인자와 창녀와 죄수들에게 비쳐오는 순간, 상상도 못했던 그 순간이 찾아오면 인생의 모든 문제와 긴장은 **하나님**에 의해 해소된다. 그림 속의 모든 선과 그림 밖의 한 점은—차마 말하기가 무섭지만—하나로 만나 흐른다. 그 순간이야말로 그림의 마지막을 의미한다. 바로 그렇기 때문에 그림 안에 있는 사람들은 그 순간을 생각해낼 수 없으며, 그 순간을 경험할 수도 (죽음의 경험을 제외하면!) 없다. 그 순간은 인간이 일시적으로 높아지고 빛을 발하는 순간들과는 전혀 공통점이 없다. 인간은 자기 자신을 신격화하고 올림포스 신전에 봄이 찾아온 양 신적인 환희를 누림으로써 자기 인생의 종말론적 긴장을 스스로 풀어보려고 한다.

마지막 너머의 마지막 순간이 되면 땅 위의 모든 것은 변화하고, 궁극적인 대답이 터져 나오며, 인간의 결정적인 문제에서 벗어난 영원한 생명으로의 전환이 이루어진다. 도스토옙스키의 작품이 곳곳에서 암시하고 선언하는 것이 바로 이런 메시지다. 그러나 그의 작품은 암시와 선언으로 그친다! 거기서 뭔가를 더 하려는 것은 오히려 안 하는 것만 못하다. 도스토옙스키는 낭만주의자가 아니다. **궁극적** 전환의 순수함과 중요함과 강력함을 위하여 그가 그 무엇보다 치열하게 반대하는 것이 있다. 그것은 바로 최종적이고 영원한 순간을 다시금 궁극 이전의 순간으로 만들어버리려는 시도들이다. 오로지 신적인 가능성에 속한 것을 또다시 **인간**에게 가능한 것, 어떤 식으로든 설명 가능한 것으로 만들어버리려는 온갖 시도들이다. 이러한 시도야말로 하나님을 시험하려는 것이다. 도스토옙스키는 이러한 시도Versuch가 인간의 교활한 시험Versuchung이라는 사실을 알고 있었다. 이것은 인간성 전체를 위험에 빠뜨리고, 저 너머의 세계에 대한 지향성도 전부 위험에 빠뜨리는 가장 강력한 시험이다. 인간이 철천지원수와 싸우는 것처럼 평생 치열하게 싸워야 하는 대상이 바로 이것이다. 도스토옙스키의 작품 속 주인공들은 한 사람도 예외 없이 그 전쟁에 연루되어 싸우고 있는 전사들이다. 그의 모든 작품에서 호산나 하는 기쁨의 환호성이 터져 나오는 자리가 하필이면 끔찍한 반항의 밑바닥인데, 이는 단순히 문학적으로 대조의 효과를 내기 위한 것만은 아니다. 이런 대립과 갈등에야말로 도스토옙스키의 깨달음과 그의 인간관이 있다. 인간은 결국 하나님을 향하도록 지어진 피조물이라는 사실이 인간 존재의 심오한 특징인데, 그 인간이 이 궁극적인 관계를 받아들이지 **않는 것** 또한 그에 못지않게 심오한 특징이다. 신을 시험하려 하고 프로메테우스적인 **반란**을 일으키는 것과 더불어서 말이다.

다시 한 번 돌아보자. 미시킨 공작은 왜 백치 취급을 받는가? 우리가 일반적으로 받아들이는 세계관과 인생관, 인간의 모든 지혜라는 것이 결국에는 하나님에 대한 질문을 (질문으로써!) 회피하려는 시도에 불과하기 때문이다. 그런데 백치는 그 질문을 회피하지 않고 정면으로 마주한다. 이것이야말로 백치의 신적인 어리석음이다. 어째서 백치는 죽음의 순간에 심오한 깨달음을 얻게 되는가? 죽어가는 사람의 입에서 나오는 위대한 지혜, 곧 모든 죄와 어리석음을 감싸 안으며 이해하는 큰 사랑과 통찰의 능력이 고스란히 알료샤에게 흘러들어가는 장면은 그저 우연일까? 어째서 도스토옙스키의 작품에서는 오히려 죽음 앞에 선 사람들이 참된 앎과 이해를 경험하는 장면이 반복적으로 나타나는가? 이제 우리는 그 이유를 말할 수 있다. 그것은 죽어가는 사람들이 절대적인 신비의 그림자에 가까이 있기 때문이다. 모든 실존 위에 드리워져 있는 이 그림자는 인생의 의미가 인생 안에 있지 않다는 사실을 절절하게 증언한다. 살아 있는 사람들은 이 그림자의 진면목을 제대로 보지 못한다. 그런데 죽음 앞에서는 그 어리석음이 깨진다. 죽어가는 사람은 지혜로워진다.

알료샤는 아주 훌륭한 믿음과 다른 사람에게 큰 도움이 될 만한 통찰력을 가진 청년인데도 어째서 카라마조프 가문의 변두리에서만 나타나는가? 그 물음에도 이렇게 답할 수 있다. 불신앙이 지배하는 세상, 《죄와 벌》의 용어를 빌리자면 "음울한 교리 문답"이 지배하는 세상이 모두 그렇듯이, 카라마조프 가문의 세계 한복판에서는 인간이 신이 되어버리는 일이 일어난다. 그리고 그 인간에게는 모든 일이 허용된다.

살인자 라스콜리니코프에게 나사로의 회생 이야기를 들려주면서 인생의 참된 의미를 깨닫게 해준 사람이 왜 하필이면 그 가련하고 위축된 소녀, 창녀 소냐인가? 우리는 그 이유도 알고 있다. 그 소녀 외에 다른 사람들은 우리의 인생이 하나님으로 인해 병드는 것을 받아들이지 못하고 자신의 방식으로 굳

세고 건강하게 버텨보려고 하기 때문이다. 그래서 부활에도 관심 없고 새로운 탄생에도 관심이 없다. 최후 심판의 날에 베풀어질 용서를 열정적으로 선포하는 사람이 왜 하필이면 그 창녀의 아버지란 말인가? 술에서 한 번도 깨어난 적이 없는 그 주정뱅이가 싸구려 술집에서 외친다. "모든 사람에게 자비를 베푸시는 그분은 우리에게도 자비를 베푸실 거야. 그분은 모든 걸 이해하시고 모든 사람을 이해하신 분이거든. 오로지 그분이 심판자이기도 하지. 그날이 되면 그분이 우리에게 이렇게 말씀하실 거야. 너희도 오너라. 이 술주정뱅이들아, 오너라. 허약한 놈들아, 오너라. 죄인들아, 오너라. 그러면 우리 모두는 부끄러워하지 않고 그 앞에 나와 서게 될 거야. 그분은 말씀하시겠지. 이 돼지들아! 짐승의 형상들아! 짐승 같은 얼굴들아, 너희도 오너라! 그러면 지혜로운 자들과 똑똑한 자들이 이렇게 소리를 지를 거야. 주님! 왜 저런 놈들을 받아들이십니까? 그러면 이렇게 말씀하시겠지. 똑똑한 자들아, 나는 저 사람들을 받아들인다. 지혜로운 자들아, 나는 저 사람들을 받아들인다. 저 녀석들 중에서는 자기가 그럴 만한 자격이 있다고 생각하는 놈이 하나도 없으니까. … 그리고 그분은 우리에게 손을 내미실 거야. 우리는 엎드릴 거고 … 그리고 울겠지 … 그리고 모든 걸 이해하게 될 거야! 그러면 우리는 모든 걸 이해하게 된다고. … 오, 주여, 주의 나라가 임하소서!"우리의 질문에 대한 답이 여기 다 나와 있다. 지혜롭고 똑똑한 자들, 경건하고 의로운 자들은 용서를 선포하지 않는다. 그래서 차라리 돌들이 소리를 지른다. 교회가 용서를 잃어버렸다. 그래서 길거리에서 용서를 외치는 소리가 들린다. 인간들이 하나님 없이 지혜롭고 똑똑하고 의롭고 경건해졌기 때문에, 그렇기 때문에 하나님은 이 세상의 외진 곳에 서 계신다. 그래서 주변으로 내몰린 아웃사이더, 빈털터리, 밑바닥으로 추락하고 타락한 인생들이 오히려 그분을 알아보고 이해하게 되는 것이다.

이것이 하나님에 대한 인간의 반역이다. 도스토옙스키는 인간의 깊은 내면을 꿰뚫어 보는 근원적인 통찰력으로 그 반역의 경향을 예리하게 드러내 보여준다. 인간은 인생의 참된 의미를 보아내는 눈이 어두워진 상태다. 인간이 **가장 긍정적인** 성과를 이룩했을 때 이런 경향이 더욱 두드러진다.

그래서 **문화**와 **사회**를 바라보는 도스토옙스키의 시선은 비판적인 의심으로 가득하다. 그가 보기에 인간의 문화와 사회는 어떤 식으로든 왜곡되어 있으며, 그래서 개선이 필요하다. 그런데 도스토옙스키는 한 걸음 더 나아간다. 그는 인간의 문화와 사회가 자랑스럽게 여기는 높은 성벽과 첨탑에서 **바벨탑**의 냄새를 맡는다. 그것은 이 세상에서 자신의 자리를 확고히 하려는 인간의 뿌리 깊은 성향을 뜻한다. 하나님 없이도 편안함을 느끼며 살려는 성향이다. 하나님에게 맞서 스스로 하나님이 되려는 성향이다. 오로지 하나님 안에만 있는 궁극적인 점, 모든 인생의 소실점, 인생의 경계선 밖에 있는 그 점을 애써 외면하면서 제힘으로 인생을 설계하고 구축하려는 모든 시도를 뜻한다. 그 결과는 무엇인가? 그렇게 가장 깊은 곳에서부터 방향을 잘못 잡은 문화, 우상 숭배로 가득한 문화의 종착역은 무의미, 끔찍한 흔들림, 그리고 몰락이다. 그렇게 될 수밖에 없다. 도스토옙스키는 유럽이 그런 식으로 피바다가 될 것이라고 여러 차례 예언한 바 있다.

그는 특히 유럽의 문화를 정신적으로 선도해나가던 **부르주아 계층**의 눈앞에 거울을 들이댔다. 이른바 선량한 상류 사회의 부패와 거짓과 불안이 도스토옙스키의 소설에서 적나라하게 드러난다. 이 점에 있어서는 톨스토이의 소설도 따라올 수 없을 정도다. 훗날 사회주의가 등장하여 기존의 질서를 겨냥하여 퍼붓게 될 도덕적인 비판의 면면이 도스토옙스키의 작품 속에서 이미 다 형체를 갖추고 있다. 도스토옙스키가 묘사하고 있는 난잡한 성적 쾌락의 향연을 떠올려보라. 아무런 오점도, 어떤 불협화음도 없는 우아한 결혼 생활, 부부 생활은 아예 찾아볼 수가 없다. (누가 감히 그의 생각이 틀렸다고 단정지을 수 있을까?) 그의 소설에서는 언제나 어린이의 울음소리와 흐느낌이 들려온다. 억누르고 또 억눌러도 자꾸만 터져 나오는 울음이다. 그 울음이야말로 사회의 교육 방식이 어떤 것이었는지를 보여주는 가장 확실한 증거다. 부르주아 계층은 스스로 깨어 있는 사람들이라고 생각했고, 자신들의 교육에 대해 대단한 자부심을 가지고 있었다. 그러나 그들의 화려한 겉모습 뒤에 얼마나 잔인하고 고통스러운 부자연스러움이 감춰져 있는지가 드러난다. 어린이들은 큰 목소리로 이렇게 소리치고 있는 것 같다. "우리가 다 보고 있단 말예요!" 도스토옙스키의 작품 곳곳에 등장하는 아이들의 큰 눈, 질문과 경탄을 머금은 눈, 충격과 분노의 두 눈은 어른들의 행동을 겨냥한 무서운 비판이다. 이런저런 도덕적 일탈 행위가 진짜 문제는 아니다. 정말 심각한 것은 인생의 궁극적인 의미를 구성하는 관계, 가장 심오하고 최종적인 관계, 인생 저편과의 관계를 전혀 알고자 하지 않음이다. 감히 신과 같아지려는 것이다. 그 사회의 인간들은 "모든 일이 허용되었다!"라는 구호를 따른다. 모든 타락의 뿌리가 바로 이것이다.

그러나 도스토옙스키의 비판이 급진적인 이유는 사회 안에서 그 사회를 강력하게 비판하는 세력까지도 문제삼기 때문이다. 그의 비판은 부르주아 문화를 해체하고 새로운 사회를 선포하는 **사회주의**를 정조준한다. 도스토옙스키는 그곳에서도, 아니 그곳에서야 비로소 인간의 거인·영웅적 몸짓을 꿰뚫어 본다. 그 인간은—《카라마조프가의 형제들》에 나오는 표현을 빌리자면—"끔찍한 바벨탑"을 쌓아올리려고 한다. 그 인간이 원하는 것은 "현세의 영원한 생명"이다. (이 말 자체가 오만방자한 형용 모순Contradictio in adjecto 아닌가!)

그렇다고 도스토옙스키가 보수적인 기존 세력을 옹호하려 했던 것은 결코 아니다. 그들의 타락은 비교 대상이 되지 않는다. 그들만이 득세하는 세상이었다면 열 번도 더 망했을 것이다. 그들을 향한 영원한 말씀이 이미 선포되었다. 키르케고르의 말이 딱 그네들에게 해당되는 말이다. "이 세상에서 권세와 권력이 일단 한번 남용되기 시작하면, 거기에는 즉시 혁명이라는 네메시스(죽음의 신)가 따라붙는다. 그러므로 그 권세와 권력은 사실상 무능과 나약함일 뿐이다. 그들은 스스로의 힘으로 일어서려고 하지만 바로 그것 때문에 네메시스가 득달같이 따라붙는다."• 도스토옙스키도 같은 맥락에서 이렇게 말한 적이 있다. "어쨌거나 요한계시록을 펼쳐 보시오!"

하지만 그가 보기에 모든 인간적인 혁명 속에는 무게감과 사명감이 결여되어 있었다. 독단적인 모습과 스스로를 돋보이게 하려는 욕망이 숨어 있었다. 한마디로 신에 대한 반란, "반역" 《카라마조프가의 형제들》)이 도사리고 있었다. 그는 혁명을 통해 일어선 새로운 세상의 겉모습 뒤에 뭔가가 있음을 느낀다. 민주주의의 "거대하고 일사불란한 개미굴" 속에 숨어 있는 것은 새로운 형태의 부자연스러움이요, 새로운 형태의 우상숭배인 것이다. 도스토옙스키는 그 안에 자리한 자가당착을 지적한다. 그들은 새로운 시대, 새로운 인류를 원한답시고 또다시 "수백만 명의 머리를 잘라버리고"《악령》) 또 다시 피바다를 만든다. 그런데 "고릴라가 초인으로 발전한다"는 교리(《악령》)도 혐오스럽기는 마찬가지다. 개혁적이고 진보적인 부르주아 사회주의의 근간을 이루고 있는 이 교리는 거대한 신성모독이다. 도스토옙스키의 격정적인 소설《악령》이 바로 이 문제를 다루고 있다.

그는 시민 계급과 사회주의자들이 한목소리로 인정하고 지지하는 **물질주의적 학문**과 세계관 속에 막강한 파괴의 잠재력

• 〈브렌너Der Brenner〉 제7호(1920), 테오도어 해커Theodor Haecker의 인용.[잡지 〈브렌너〉는 1910년부터 격주로 발행된 문화 예술 전문 잡지다. 그 당시 독일어권에서 문화 비평과 아방가르드문학을 선도하는 잡지로 정평이 나 있었다. 테오도어 해커(1879~1945)는 독일의 작가이자 문화비평가, 번역가로서 가톨릭 실존주의를 대표하는 인물이었으며 쇠렌 키르케고르의 독일어 번역자였다.]

이 있음을 지적한다. 그것은 본질적으로 모든 현세적인 것에서 초월적인 세계의 흔적을 지워버리고, 모든 속세적인 것에서 탈속적인 것을 지워 없애려는 시도에 지나지 않는다. 그것은 너무나 영리하면서도 어리석은 시도이다. 도스토옙스키는 그런 시도 위로 풍자와 비판의 잔을 쏟아붓는다.

4

이반 카라마조프, 대심문관, 그리고 악마

그러나 도스토옙스키가 자신의 가슴 깊은 곳에서 불타오르는 열정과 자신의 모든 지식을 집약하여 쏟아부은 가장 무시무시한 공격은 **종교와 교회**를 겨냥한다. 이 공격은 그의 모든 작품에 배어 있으나, 특별히 **이반 카라마조프의 '대심문관' 이야기**, 또한 이반의 꿈속에 나타난 **악마의 환상**에서 최고조에 오른다.

여기에서도 두드러지는 것은 인생 자체가 끌어안고 있는 문제 상황을 벗어나려는 몸부림이다. 인생의 저편에 계시는 하나님은 오직 그 문제 상황 속에서만 스스로를 유일한 분으로 계시하신다. 그런데 인간은 저편에 계시는 미지의 하나님을 이편에 존재하는 알 만한 하나님으로 바꿔놓음으로써 문제 상황을 탈피하려고 한다. 도스토옙스키는 이 세상의 종교와 교회가 교묘하게 이런 인간적인 시도에 가담하고 있음을 꿰뚫어 보았다. 인간은 자기가 피조물이라는 사실을 받아들이지 못한다. 자신의 생명, 눈에 보이는 이 생명 전체가 하나님의 창조, 곧 눈에 보이지 않는 영원한 창조와 연결되어 있다는 사실을 받아들이지 못한다. 자신의 인생이 그분의 심판을 받게 될 것이라는 사실, 그분의 저울에 달리게 될 것이라는 사실을 도무지 받아들이지 못한다. 그래서 인간은 하나님으로부터 벗어나기 위해 안간힘을 쓴다. 인생 저편에 있는 소실점을 인생이라는 그림 속으로 밀어 넣는다. 하나님을 인간이 살아가는 정신적·역사적 현실의 일부로 만들어버린다. 이로써 하나님은 '더 – 이상 – 하나님 – 아닌Nicht – mehr – Gott' 우상이 되어버리는 것이다. 이것이야말로 정말 위험한 폭동, 곧 하나님을 향한 "반역"이다. 이 반역이 위험한 까닭은 누가 봐도 분명한 반항이 아니기 때문이다. 보란 듯이 하나님과 무관한 삶을 사는 것이 아니기 때문이다. 심지어 그분의 이름으로, 그분에게 부르짖으면서 진행되는 반역이기 때문에 무서운 것이다.

이렇게 인간이 하나님께 맞서서 획책하고 추진하는 반역의 내용과 의미를 그려낸 것이 《카라마조프가의 형제들》 중에서 둘째 아들 이반이 들려주는 이야기, 그 유명한 **대심문관 이야기**이다.

지금부터 그 이야기를 집중적으로 다뤄보고자 한다.

이야기의 전체적인 흐름은 성경에서 사탄이 예수를 세 번 시험하는 이야기의 전개를 따른다. 예수가 가진 것은―여기서 도스토엡스키의 심오한 통찰이 빛을 발하는데―"자유"밖에 없다. 여기서 자유란 자기 인생을 하나님의 손에 놓는 것이다. 자기 인생의 근거를 역설적으로 저쪽 편에서 찾는 것이다. 이는 인간의 인생 전체를 문제 상황으로 느끼게 만든다. 하나님은 인간에게 세 가지 문제를 제시한다. 하나님은 이 문제를 통해 스스로의 존재를 드러낸다. 그러므로 인간은 자기 인생의 가장 깊은 의미에 충실하고자 하는 한, 세 겹의 긴장 속에서 살아갈 수밖에 없다.

1. 인간은 "빵"을 포기할 수 있어야 한다. 빵은 세속적인 만족을 의미한다. 개인적으로든 집단적으로든 이 세상에서 누리는 행복이다. 인간은 **이 땅**의 하나님 나라를 포기해야 한다. "현세에서의 영원한 생명"을 포기해야 한다. 인생의 의미는 **이곳의** 인생이 아니라 하나님께 있다. **이곳의** 인생은 철저하게 불안하고 불확실하다. 지금 여기에서 살아가는 인간의 실존은 철저하게 유한하다. 인간 실존의 제약성은 그 누구도 해결할 수 없다. "하늘의 불"*을 이 땅으로 가져오려는 프로메테우스적인 시도는 모두 커다란 실망만 남기고 끝나게 되어 있다. "우리에

---

* 지금부터 인용부호 안에 소개되는 낱말이나 문장은 대부분 《카라마조프가의 형제들》의 '대심문관'에서 인용한 것들이다.

게 하늘의 불을 약속했던 사람들은 결국 그걸 우리에게 주지 않았어." "그 옛날에 바벨탑이 끝내 완공되지 못한 것처럼 새로운 바벨탑들도 완성을 보지 못한다." 시간에 매여 살아가는 인간의 근본적인 한계, 결국 흙으로 돌아갈 수밖에 없는 운명, 인간 육체의 비천함과 공허함, 도저히 극복이 불가능한 그 필연적인 조건… 이것이 인생이다. 그런데 바로 이러한 인생이 영원한 세상의 **무한**을 암시하는 것들로 가득하다. 하나님에 대한 암시가 곳곳에 숨어 있다. 이쪽이 아니라 **저쪽의** 가능성, 땅의 양식이 아니라 "하늘의 양식"에 대한 암시를 찾을 수 있다. 인간은 이러한 암시를 붙잡기 위해 자기 존재의 불안함과 불확실함을 감수해야 한다. 자기 손으로 거머쥘 수 있는 구체적인 보증이 없더라도 그것을 받아들여야 한다. 도스토옙스키의 표현을 빌리자면, "빈손으로" 암시를 따라가야 한다. 저쪽에서만 찾을 수 있는 인생의 의미를 겸허히 따라야 한다. 인간의 생각으로는 도저히 파악할 수 없는 참된 확실성을 얻기 위해서는 이 세상의 확실성을 버릴 수 있어야 한다.

옛날 이스라엘 백성과 마찬가지로 오늘의 인간도 선택의 기로에 선다. 미지의 하나님, 인생 저편의 하나님, 오직 그 하나님만 의지할 것인가? (이것은 허공에 몸을 던지는 셈이다!) 아니면 이 세상의 신들, 나와 똑같은 인간, 왕, 국가를 의지할 것인가? 인간은 허공에 몸을 던지지 않는다. 눈으로 볼 수 있고 손으로 잡을 수 있는 우상들이 있다. 그들은 빵과 행복을 약속하며 그것을 분배해 준다. 이 땅 위의 나라는 "경배할 가치가 있는 것인지 아닌지 의심할 필요가 전혀 없는 것", "당장 **모든 사람**이 무조건 경배할 수 있는 것"이다. 그래서 그 나라는 오로지 **이** 세상에서만 유효하다. 우리는 이것이 무엇을 의미하는지 알고 있다.

이 선택권이 곧 인간의 "자유"다. 하나님을 선택하는 사람은 인간적인 확실함의 대지를 박차고 어둠 속으로 뛰어든다. 이 문제를 다른 방식으로 해결하려는 시도는 장자의 권리를 팥죽한 그릇에 팔아치우는 꼴이다. 대심문관은 그리스도에게 말한다. "빵으로 복종을 얻어낼 수 있다면 그게 무슨 자유란 말인가!" 인간이 무조건적으로, 끝까지 철저하게 신실함을 지키지 않는 신이라면 그게 무슨 하나님인가! 그런데 누가 이 새롭고 무시무시한 자유를 가지려고 하는가? 누가 이 무한하고 장엄한 자유를 누리려고 하는가? 과연 그 누가 저 어둠 속으로 뛰어들고자 하는가? 누가 감히 하나님을 상대하려고 하는가?

2. 자신이 하나님과 마주하고 있음을 깨달은 인간이 이 세상에서 기대해서는 **안** 되는 것은 행복 하나만이 아니다. 인간은 자신의 정신적인 실존의 확실함마저도 기대해서는 안 된다. 인생 저편에 있는 의미를 이쪽 편의 생각과 이해력으로 판단하면 모든 면에서 난센스로 보일 수밖에 없다는 사실을 깨달아야 한다. 어둠 속으로 뛰어든다는 것은 글자 그대로 **어둠** 속으로 뛰어듦이다. 하나님의 약속은 그야말로 **하나님의** 약속인지라, 인간이 도달할 수 있는 것이라는 관점으로 보면 전혀 이해할 수 없는 낯선 것으로 다가올 수밖에 없다. 그러므로 자기 스스로의 힘으로 인생을 잘 살아내기 위해 구축한 모든 인간적인 가능성의 철저한 부정을 통해서만—우리는 이것을 《백치》에서 느낄 수 있다—인생의 참된 의미를 올바르게 판별할 수 있다. 이 얼마나 무지막지한 요구인가!

도스토옙스키는 말한다. "자기가 왜 살아야 하는지 확실한 답을 갖지 못한 인간은 도무지 살고 싶어 하지 않는다. 그런 식으로 사느니 차라리 자기를 없애버리려고 한다."(얼마나 극단적인 위협인가!) 인간은 경배할 수 있는 대상을 필요로 한다. 흔들림 없는 확신, 확고한 세계관을 갖고 싶어 한다. "단번에 인간의 양심을 안정시켜 줄 수 있는 확실한 토대"를 원한다. "기적이라든지, 불가사의한 신비라든지" 그런 것은 필요 없다. 수수께끼 같은 것도 필요 없다. "어두운 협곡과 낭떠러지"도 필요 없다. 그런 것은 우리의 내적인 안정과 확신을 무너뜨릴 뿐이다.

대심문관은 그리스도에게 맹비난을 퍼붓는다. "하지만 당신은 비범하고, 수수께끼 같으며, 불확실한 모든 것, 즉 인간의 능력을 뛰어넘는 모든 것을 선택했소. 당신은 인간을 하나님 앞에 세워 놓았소." 그리스도는 이로써 이 세상을 살아가는 인간이 의지하는 모든 물질적인 원리로부터의 "자유", 눈으로 볼 수 있는 것과 손으로 붙잡을 수 있는 것, 어떤 식으로든 근거를 찾아 제시할 수 있는 모든 것으로부터의 철저한 "자유"를 원한 것이다. 그 모든 인간적인 것이 멈춰 선 자리에서 신적인 것이 시작된다. 그것은 모든 인간적인 것의 위기이며 종말이다. 그렇지 않다면 그것은 신적인 것이 아니다.

이러한 "자유" 속으로 들어서는 것, 확실하고 분명한 모든 것을 포기하는 것은 끔찍한 고통이며 "무서운 부담"이다. 과연 누가 그걸 견뎌낼 수 있다는 말인가?

3. 인간이 발 딛고 서 있는 토대가 완전히 허물어지는 세 번째 장면은 인간이 바야흐로 하나님까지 포기해야 하는 대목이

다. 인간이 반드시 포기해야 하는 하나님은 위대한 질문이 아니라 다른 것으로 나타나는 하나님이다. **모든 것**이 문제가 되어버리는 무서운 낭떠러지 끝이 아니라 다른 곳에서 나타나는 하나님이다. 끔찍한 시험과 "의심의 불구덩이"가 아니라 다른 곳에서 바라볼 수 있는 하나님이다. 우리는 왜 이런 하나님을 포기해야 하는가? 이렇게 인간적으로 설명하고 파악할 수 있는 하나님은 진짜 하나님이 아니기 때문이다. 모든 인간적인 개념과 설명이 멈춰 선 자리, 모든 확실성과 안전성이 멈춰 선 자리, 바로 그곳에서 **믿음**이 시작된다. 그러나 인간은 "**기적**"을 요구한다. 여기서 기적이란 인간의 삶이 저쪽의 존재와 맺고 있는 관계를 눈으로 보고, 느끼고, 설명할 수 있는 것으로 만드는 것을 의미한다. 인간은 보지 않으면 믿지 않으려고 한다. 그러나 그리스도는 **이러한** "기적"을 거부한다. 그럴 수밖에 없다. 어떻게 저쪽에 있는 것을 이쪽에서 볼 수 있다는 말인가? 만일 볼 수 있다면, 그것은 이미 저쪽에 속한 것이 아니다. 우리가 확인할 수 있으며 이미 확인된 "기적"이라면, 그것은 더 이상 참된 기적이 아니다. 인간이 이런저런 종교를 통해 경험하고 싶어 하는 기적은 이쪽의 "기적"이다. 그 기적은 하나님 없는 "기적"이며, 이미 기적이 아니다.

그렇다. 그리스도는 성전 꼭대기에서 뛰어내리지 **않는다**. 그래서 인간은 "지금도 그 근본적인, 끔찍한, 고통스러운 질문의 순간"에도 "자기 마음의 **자유로운 결정**"을 스스로 내려야 한다. 도저히 파악할 수 없는 것, 순수하게 저쪽 편에 속한 것―이것이 믿음의 본질이다. 그 믿음이 진정 **하나님**을 믿는 믿음이라면 그럴 수밖에 없다. 이 믿음이야말로 유일하고 참된 기적이다. 그러나 어떻게 이런 기적이 일어날 수 있단 말인가?

이것이 인간이 맞닥뜨린 세 겹의 긴장이다. 그러나 인간은 이 상황을 도무지 받아들이려고 하지 않는다. 그는 하나님을 믿는 믿음을 감행하려 들지 않는다. 그것은 무리한 요구라고 생각한다. 자기 능력 밖의 일이라고 생각한다. 인간은 하나님을 추구하지 않는다. 오히려 행복과 빵을 추구한다. 인간은 자기가 무엇을 믿고 실천해야 하는지 알고 싶어 하지 않는다. 그는 자기에게 친숙한 하나님, 설명과 증명이 가능한 하나님을 믿고 싶어 한다. 그는 두려운 "자유"의 허공에 떠 있는 것을 견디지 못한다. **교회**는 이 사실을 알고, 그런 인간을 불쌍히 여긴다. 그리스도의 연민보다 더 큰 연민을 가지고, 그리스도의 사랑보다 훨씬 자상하고, 훨씬 이해심 많은 사랑을 과시한다. 교회는 인간의 짐을 덜어준다. 교회는 인간의 곁에 바짝 붙어서 인간이 필요로 하는 것을 제공한다. 교회는 인간에게 약속한다. 설교한다. 인간이 갖고 싶어 하는 것을 안겨 준다. 도스토옙스키는 그것을 "어린이의 행복"이라고 부른다. 물론 그 대가로 "자유"를 포기해야 한다. 이것은 하나님에 대한 배신을 의미한다. 인간은 오직 자유를 통해서만 하나님을 섬길 수 있기 때문이다. 교회는 인간에게 빵을 약속하는데, 거기에는 조건이 있다. 인간이 교회의 "권위"에 인도함을 받는 것이다. (한마디로 하나님의 직접적인 인도하심을 거부하는 것이다.) 교회는 확실하고 분명한 목표를 제시한다. 손으로 붙잡을 수 있는 인생의 의미를 제시한다. 종교사회주의적이거나 부르주아적인 가치관을 제시한다. 도덕을 제시하고 그에 딸리는, 죄의 용서를 제시한다. 그 대신 이러한 인생관, 인생철학, 인생의 목표는 모두 교회의 **"신비"**로부터 나오는 것이어야 한다. (한마디로 모든 인생의 의미를 하나님에게서만 찾지는 않겠다는 것이다.)

교회는 인간에게 하나님이 가까이 계신다는 표징과 느낌을 약속해 준다. 장엄한 종교 의식과 종교적인 체험을 약속한다. 인간은 그 대가로 교회의 **"기적"**을 믿어야 한다. (한마디로 보지 않으면 믿지 않는다는 것이다.) 대심문관은 그리스도에게 말한다. "우리는 당신이 한 일을 조금 개선하고 그 일을 기적과 신비와 권위라는 토대 위에 세웠소." 이것이 하나님에 대한 교회의 삼중 배반이다. 교회는 인간이 오로지 높은 곳에 계신 하나님만을 향해 부르짖는 것밖에 할 수 없는 곳, 그 깊은 곳으로 인도하지 않는다. 그렇다고 하나님이 크신 권능과 **진실한** 사랑과 **진실한** 용서와 **진실한** 기적으로 계시하시는 저 높은 곳으로 인도하지도 않는다. 이것이 종교의 거짓말이며, 하나님의 존재를 부정함이다.

종교와 교회의 본질을 파헤치는 무자비한 분석의 힘은 악마적인 무신론자 이반 카라마조프의 입을 통해 가장 폭발적으로 드러난다. 그의 말은 단순히 종교와 교회를 비판하기만 하는 것이 아니라 오히려 그 둘의 존재를 합리화한다. 이반 카라마조프는 자기가 무슨 일을 하고 있는지 확실하게 의식하고 있다. 그는 하나님의 존재 부정이 곧 종교이며, 종교는 곧 하나님의 존재 부정이라고 주장한다. 이반의 변증법도 세 단계를 거친다. 물론 소설 속에서는 이 세 단계가 정확하게 구분되어 있지 않고, 때로는 뒤섞여 있으며 때로는 여기저기 흩어져 있다. 지금부터 우리는 그 변증법의 체계적인 발달 단계를 찾아내고자 한다.

1. 종교는 하나님이 온 세계를 질서 있게 다스린다고 주장한다. 그런데 우리의 수수께끼 같은 인생에는 온갖 고통이 끊이지 않는다. 이 두 가지가 어떻게 결합될 수 있는가? 이반은 결합 가능성에 대해 열정적으로 부정한다. 아무 죄도 없는 아이들이 끔찍한 고통을 당하는 일이 너무도 많다. 이반은 말한다. 영원한 세계에서 찬란하게 빛나는 미래의 조화로움이라 할지라도 그 고통의 수수께끼를 해소할 수 없을 것이다. 어쩌면 고통에 대한 보상이 이루어질 수도 있다. 하지만 그렇다고 고통이 없었던 일이 되는 것은 아니다. 문제는 여전히 풀리지 않는다. "복수를 한다고 해도 마찬가지야. 아이가 고통을 당하다가 이미 죽었는데, 고통을 준 사람을 찾아내서 지옥의 고통을 안겨준다고 해도 그게 무슨 소용이지?" 게다가 보복이 이루어진다고 해도 그 대가로 새로운 고통이 생길 수 있다. "또 만일 지옥이라는 것이 있다면 도대체 무슨 조화가 존재한다는 말이냐? 나는 용서하고 싶고 부둥켜안고 싶구나. 누군가가 또 고통을 당하는 걸 원하지 않아." 그런데 만일 그런 용서와 포옹만 있다면 보상과 복수는 어디에 있다는 말일까? "나에게는 복수가 필요해, 그게 안 된다면 내가 나를 없애버릴 거야!" 이 모순은 도저히 풀리지 않는 숙제로 남아 있다. 인간 존재의 수수께

끼는 해결·해소될 아무런 기미 없이 그저 타오르고만 있다. 그리고 하나님 안에 있는 미지의 해결을 기다리고 있다. 인간의 모든 생각을 뛰어넘는 조화를 기다리고 있다. 이 조화는 종교나 교회가 인간을 위로하고 안정시키는 데 사용하는 조화와는 완전히 다르다. 하지만 누가 그것을 보여줄 수 있는가? 이것이 무신론자 이반 카라마조프의 반항이다.

하지만 이렇게 신랄한 고발로 가득한 질문이야말로 이미 대답이 아닐까? 인생의 불가사의와 고통! 이것 자체가 이미 인간의 모든 생각을 뛰어넘는 해답을 갈구하면서 그 해답을 선포하고 있다. 미지의 신을 향해 부르짖으면서 이미 그분을 선포하고 있다. 이반은 말한다. 도무지 이해할 수 없는 "고귀한 것이 일어나고 나타나"야 할 것 같다. "그래야 모든 마음이 흡족할 정도로 모든 불쾌함이 가라앉고, 모든 만행이 보응을 받고, 용서받을 뿐만 아니라, 인간이 일으킨 모든 일이 해명될 것이다." 도저히 조화를 이룰 수 없는 모순이 그 (고귀한) 일을 통해서는 하나가 되어야 한다. 풀리지 않는 문제가 그곳에서는 풀려야 한다. 그곳에서는 정의와 사랑이 결합되어야 한다. 과연 이런 "고귀한 것"이 존재하는가? 도대체 어디에 있는가?

인간의 생각이 파악할 수 있는 세계 너머에 두 개의 평행선이 교차하는 무한의 점 같은 것이 있다. 그러나 인간이 감히 만용을 부리지 않고서는, 자신의 생각을 뛰어넘지 않고서는 그점을 생각해볼 수조차 없다. "내가 어떻게 하나님을 이해할 수있겠어? 그건 나에게는 가당치도 않은 일이야. 나는 고작해야이 세상의 유클리드적인 지성을 가진 거야. 어떻게 인간이 이세상에 속하지 않은 것에 대해 판단을 내릴 수 있겠어?" 이것이무신론자 이반의 질문이다. 참된 하나님에 대해 무언가 말한다고 할 때, 이 무신론자의 질문보다 강력하고 진실한 말이 가능할까?

그럴 수 없다. 하나님에 대한 참된 인식의 근원적인 힘이 이러한 무신론에서 요동치고 있다. 카라마조프적인 심장이 지닌, 삶을 향한 무한한 갈망이 이반의 입에서 터져 나오고 있다. 그심장은 한시적이고 피상적인 대답에 만족하지 않는다. 그 심장은 인간에게 단순히 위안을 주는 존재로 전락한 거짓 신이 주는 위로를 넘어서, 저쪽 편에 계시기 때문에 알려지지 않았고알려질 수도 없는 영원하고 참된 하나님을 의식하고 그분을 추구한다. 이러한 무신론은 궁극적으로는 하나님을 부정하지 않는다. 이러한 무신론이 공격하고 있는 것은 오히려 (두 번째 시험에 넘어가 버린) 교회다. 손가락으로 하나님을 가리키고는 있으되 인생의 불가사의함에 대한 질문을 잠재워 버리는 교회다. 그 불가사의함은 끊임없이 하나님을 향해 부르짖음으로써 하나님을 증언한다.

이반과 같은 무신론자는 열정적으로 거짓 신을 부정하는데, 이로써 참된 하나님을 인식할 수 있는 여지가 생긴다. 그는 하나님과 그분의 영원한 세계가 인간의 유한한 생각으로 인해 "유클리드적인 지성, 이 세상의 지성"으로 파악 가능한 신으로 전락하는 것에 저항한다. 그런 신은 인간이 스스로의 힘으로 인생의 불가사의함을 풀어냈다고 착각하게 만드는 증거물 혹은 얄팍한 위안에 불과하다. 인간은 스스로를 속여가면서 그 불가사의함을 외면하려고 한다.

하나님은 "이 세상에 속한 것이 아니다." 그림의 원근법을 생성하는 소실점은 절대로 그림 속에 있을 수 없다. 그런데도 종교는 바깥에 있는 소실점을 자꾸만 그림 속으로 우겨넣고, 마치 하나님이 이 세상에 속한 존재인 것처럼 하나님을 판단하고 조종하려고 한다. 이반은 말한다. "그들은 심지어 이런 생각을 하고 있는 거야. 유클리드 기하학의 원리에 따르면 이 세상에서 도저히, 어떤 일이 있어도 만날 수 없는 두 평행선이 어쩌면 무한의 공간 어딘가에서 만날 수 있다고 생각하는 거지." 그들은 무한이라는 것이 마치 여러 요소들 가운데 하나로 유한하고 인간적인 세상 어딘가에 있는 것처럼 생각하면서, 무한을 감히 계산하려고 한다. 그들은 하나님마저도 좌지우지한다. 감히 인간이 **하나님**마저도 그렇게 할 수 있다는 듯이!

2. 그런데 이반의 이러한 생각에 도저히 이해할 수 없는, 정말 섬뜩한 변화가 찾아온다. 그것은 변증법적으로 요동치는 무신론에서 형이상학적으로 경직된 무신론으로의 전환이다. 이반의 생각이 실질적이고 사탄적인 무신론으로 변한 것이다. 훗날 도스토옙스키는 이 전환에 대해 다음과 같은 평가를 내렸다. "내가 이른바 무식하고 반동적인 신앙을 가지고 있다고 놀리던 얼간이들도 이렇게 철저한 무신론은 상상도 못했을 것이다. 나의 '대심문관'과 바로 그 앞 장에 묘사된 무신론 말이다. 책 전체가 이 문제에 대한 대답이다." 종교의 무신론과 참된 하나님의 신비를 깊이 있게 꿰뚫어 보던 이반 카라마조프가 아닌가! 인간이 신에 대한 변명을 시도하는 것은 뻔뻔스럽게도 감히 참된 하나님의 신비에 반항하고 하나님을 제멋대로 조종하기 위함이라는 것을 예리하게 통찰한 이반이 아닌가! 그런데 똑같은 이반이 이제는 모질고 냉정한 "카라마조프 가문의 비

열함으로" 바로 그 "뻔뻔스러움"을 내세운다. 이반은 알료샤와 대화를 시작하면서 이렇게 말한다. "잘 생각해 봐라. 17세기에 어떤 죄 많은 사람이 살았는데, 그 사람이 이런 말을 했지. '만일 신이 존재하지 않는다면, 신을 만들어내야 할 것이다.s'il n' existait pas, il faudrait l'inventer.' **그리고 실제로 인간은 자기의 신을 고안해냈다.**" 그리고 이반은 이것이야말로 "인간에게 위대한 영예를 안겨준 것"이라며 "신이 반드시 필요하다는 생각이 인간처럼 야만적이고 사악한 동물의 머리에 떠올랐다는 사실"을 놀라워한다. 이반의 말이 이어진다. "하지만 나는 인간이 신을 만들었느냐, 아니면 신이 인간을 만들었느냐 하는 문제는 더 이상 깊이 생각하지 않기로 했단다." 그는 냉소적으로 자신의 깊은 통찰을 포기한다. "내가 선언하마. 나는 하나님을 (다시 말해, 인간이 파악할 수 있고, 그래서 이미 잘 알려져 있고, 그래서 인간이 왕위를 찬탈해 버린 거짓 신을!) 주저함 없이 그대로 받아들인단다."

이렇게 거짓 신을 고스란히 긍정하는 신성모독에 이어 또 하나의 심각한 신성모독이 곧장 뒤따르는데, 그것은 참된 하나님에 대한 부정이다. 그렇게 해서 이 끔찍한 전환에 대해 더 이상 회의를 품지 않으려는 것이다. 이제 그는 인간이 결코 파악할 수 없다는 이유로 절대적인 하나님을 부정한다. 이반은 인간의 변론이 전혀 필요하지 않은 하나님, 인간이 결코 가까이 갈 수 없는 저쪽에 계신 하나님을 부정한다. 그리고 이 세상의 모든 모순과 불가사의 너머에 존재하는 조화, 하나님의 영원한 세계의 위풍당당한 조화를 부정한다. 그는 단호한 언어로 이 모든 것을 부정한다. 아니, 이반의 심장은 **이** 하나님의 신비를 향해 뜨겁게 고동치고 있지 않았던가! 인간은 절대로 하나님의 길을 알아낼 수 없다는 진리, 그분의 선택과 버림의 신비, 다른 건 몰라도 그 진리와 신비 앞에서는 하나님께 맞서는 모든 반역이 잠잠해질 것이라는 깨달음이 그에게 있지 않았던가! 그 깨달음이 그의 내면에서 희미하게 빛나고 있지 않았던가! 그리고 바로 그 깨달음의 힘으로 조화를 향한 모든 인간적인 시도를 거부하고 그것이 결국 신성모독에 불과함을 폭로하지 않았던가! 그랬던 이반이 지금은 참된 하나님의 신비를 보란 듯이 거절한다. "어찌 됐건 나는 확신하고 있어. 상처는 다 아물어서 사라지고, 인간의 온갖 모순이 자아내는 아주 모욕적인 우스꽝스러움도 모조리 초라한 환상처럼, 마치 쇠약하고 미약하며 유클리드적인 인간의 지성이 고안한 역겨운 발명품처럼 사라져버릴 거야. 세상이 끝나는 날, 영원한 조화의 순간이 되면 아주 고귀한 것이 일어나고 나타나게 될 거야. 그래야 모든 마음이 흡족할 정도로 모든 불쾌함이 가라앉고, 모든 피의 보응이 이루어질 거야. 그래야 흡족할 정도로 용서가 일어날 뿐 아니라, 인간이 일으킨 모든 일이 해명될 거야." 다시 한 번 말한다. 우리가 하나님에 대해, 그분의 정의와 사랑이 이룰 승리에 대해 이보다 진실하게 말할 수 있을까? 그런데 이런 생각이 다음과 같은 말로 끝난다면, 이보다 신성모독적인 발언이 또 있을까? "좋아, 좋아. 어쩌면 그런 일이 모두 일어날 수도 있겠지. **하지만 나는 그걸 받아들이지 않고 또 그걸 받아들이고 싶지도 않아.** 심지어 두 개의 평행선이 한 곳에서 만날 수도 있겠지."(다른 말로 하면, 인간이 파악할 수 없는 하나님, 진짜 하나님이 실제로 있을 수도 있겠지!) "내가 그걸 직접 볼 수도 있겠지. 그리고 평행선이 만났다고 말할 수도 있을 거야."(다른 말로 하면, 믿음이라는 절대적인 기적이 정말로 나에게 일어날 수도 있어!) "그래도 나는 그걸 받아들이지 않을 거야." 이반이 동생 알료샤와 대화하면서 그 깨달음을 다시 한 번 부정하는 때가 나온다. 아무 죄도 없는 어린이들의 고통을 지켜보며 항의한 다음이다. 그의 항의는 미지의 하나님과 그분의 헤아릴 수 없는 정의를 구하는 거대한 외침이며 하나님에 대한 깨달음으로 가득한 외

113

침이었다. 그런데 바로 그 다음에 이렇게 말하는 것이 아닌가! "물론 나는 알고 있지. 하늘과 땅과 땅 아래 있는 모든 것이 결합하여 하나의 찬송이 될 때, 그리고 과거에 살아 있었거나 지금 살아 있는 모든 것이 '오, 주님! 이제 당신의 길이 나타났으니, 당신은 의로운 분이십니다!' 하고 외칠 때, 온 우주의 진동은 정말 엄청날 거야." … 하지만 "나는 어떤 조화도 **원하지 않아**. 차라리 나의 끝없는 분노 안에 머물러 있겠어, **비록 내가 틀렸다 할지라도** 말이야."

알료샤가 대답한다. "그것은 반역이에요!" 그것은 가장 무시무시하고, 가장 완고하며, 형이상학적인 무신론이다. 이반 카라마조프가 생각하는 이러한 무신론의 두꺼운 표면을 뚫고 그의 심장 깊은 곳에서 하나님을 향해 타오르는 열망이 터져 나올 때가 있다. 마치 땅속에 묻혀 있던 불이 뿜어져 나오듯 터져 나온다. 그런데 그 열망은 번번이 가로막힌다. 아무도 꺾을 수 없는 이반의 "거만한 결단", 불신앙을 향한 결단에 의해 갇혀버린다. 이반과 알료샤의 대화는 이 열망과 결단이 엎치락뒤치락 씨름을 하면서 생겨나는 극도의 긴장감 속에서 계속된다.

이반은 자신의 결연한 의지 —"**나는** 조화를 **원하지 않아**."—의 근거, 하나님에 대한 의식적인 부정의 근거를 제시하기 위해 **"대심문관"** 이야기를 들려준다. 대심문관은 다름 아닌 이반 자신이다. 참된 하나님에 대한 심오한 깨달음을 포기하고 거짓 신에게 예배하는 이반이 곧 대심문관이다. 그는 도대체 **왜** 이러는가? 이반은 이렇게 대답한다. "인류에 대한 사랑, 그 사랑 때문이지." 인류는 참된 하나님을 경배하는 일, 마치 허공에 뛰어드는 것 같은 그 일을 견뎌내지 못한다. 그래서 종교나 교회가 제시하는 거짓 신을 숭배한다. 대심문관의 비범한 지성은 **믿음**이라는 것이, **믿음**이라 불리는 그것이 도무지 헤아릴 수 없는 모험이라는 사실을 꿰뚫어 본다. 그는 이렇게 어둠 속으로 뛰어드는 대담한 모험을 인간에게 강요하지 않으려고 한다. 인간이 얼마나 연약하고 겁 많은 피조물인지를 너무나 잘 알고 있기 때문이다. "대심문관" 이야기는 다시 한 번 인간의 종교와 교회 안에 숨어 있는 깊은 불신앙을, 하나님을 향한 반역의 실체를 폭로한다. 그런데 이러한 폭로의 목적은 그 반역을 옹호하고 합리화하고 긍정하는 것이다.

대심문관이나 이반 카라마조프가 원한 것은 아니겠지만, 이러한 자기모순의 불가사의함이야말로 참된 믿음을 옹호하는 변론이다. 여기서 드러난 변론은 어느 시대, 어떤 변호인의 변론보다도 심오하고 진실하다.

3. 그러나 이렇게 경직된 무신론으로 전환한 결과, 최종적인 결과는 악마적이고, **사탄적**이다. 대심문관은 그리스도를 시험한 악마다. 이반 카라마조프는 대심문관이다. 그러므로 이반 카라마조프는 악마다. 그래서 이 책의 마지막에는 이반 카라마조프가 악마와 나누는 섬뜩한 혼잣말[자기와의 대화]이 등장한다. 무엇이 악마인가? 인간-신이 아니라 참된 하나님, 저편의 하나님을 알고 있지만 그럼에도 그 하나님을 알고 싶어 하지 않는 정신이 다름 아닌 악마다. 하나님을 향하도록 창조되었으며, 그래서 그 사실을 알고는 있지만, 하나님에게서 벗어나고자 거인·영웅적인 환상에 도취되어 스스로 신이 되고자 하는 인간의 거짓말을 형상화한 것이 곧 악마다. 그 인간은 자신의 가장 깊은 존재 원리를 부정하고, 하나님에게서 멀어져 자기가 만들어낸 가짜 신을 섬긴다. 악마의 혼잣말에서 나타나는 뚜렷한 특징은 가식적인 경건함과 냉소적인 자기 신격화 사이를 왔다 갔다 하는 것이다. 악마가 이반에게 말한다. "나의 유일한 몽상은 말이지, 장사꾼의 마누라가 되는 거야. 몸무게가 7푸트*나 나가는 뚱뚱한 여자로 변신해서 그 여자가 믿는 모든 것을 죄다 믿는 거지. 나의 이상은 교회에 가서 온 마음을 다해 성인에게 촛불을 바치는 거야." 그러면서 또 이렇게 말한다. "만일 인

---

* 1푸트는 16.38kg이다. 그러므로 7푸트는 대략 114kg이다. _역주

류가 언젠가 완벽하게 하나님과 결별한다면 과거의 세계관은 무너질 테고, 특히 과거의 도덕은 저절로 완전히 무너져버릴 거야. … 인간의 정신은 신적이고 거인적인 자만심으로 높아질 거고 그렇게 되면 인간-신神人, Menschgott이 등장하겠지." 대화 중에 단 한 번, 하나님에 대한 질문이 튀어나온다. 이반은 갑자기 분노에 휩싸여 짐승처럼 소리를 지른다. "하나님은 존재하는 거야, 아니면 없는 거야?" 악마가 대답한다. "어라, 지금 진심으로 묻는 건가? 여보게, 하나님께 맹세컨대 난 모른다네!" 이반은 고삐를 늦추지 않는다. "아니, 그걸 모르면서 하나님을 본다는 거요?" 그러면서 이렇게 덧붙인다. "맞아, 당신은 당신이 아니지. 당신은 바로 **나**야. 당신은 그저 나일 뿐 아무것도 아니지!"

그렇다. 이것이 우리가 알고 있는 이반이다. 그는 하나님을 알고 있으면서도 하나님을 알려고 하지 않는다. 알고 있는 것을 알려고 하지 않음이다. 그 어떤 인생도 피해갈 수 없는 절박한 질문, 즉 하나님에 관한 질문을 애써 외면함이다. 바로 이것이 악마의 장난이요, 인생을 지옥으로 만드는 힘이다. 그렇다면 무엇이 지옥인가? 자기의 인생이 하나님과 연결되어 있음을 부정하며 스스로를 속이는 인생이 곧 지옥이다. 그렇게 되면 인생은 의미를 상실한다. 인생 전체가 터무니없는 것, 거짓된 것, 미쳐 날뛰는 것이 되어버린다. 소실점을 상실한 그림 속의 선들이 제각각 흩어지듯이 인생의 노선들이 모조리 흩어져버린다. 도스토옙스키의 작품마다 기괴하고 거대한 **사기꾼들**이 등장하는 것도 다 이유가 있다. 대표적인 인물이 《백치》의 레베디예프와 이볼긴 장군이다. 그들이 내뱉는 거짓말의 파렴치함은 도를 넘어선다. 도스토옙스키가 그런 거짓말쟁이들을 등장시킨 것은 그 나름의 이유가 있어서다. 그들은 인생의 진리를 망각한 인류를 대표한다. 거대한 거짓말로 전락한 사회를 대표한다. 지옥으로 변해버린 이 세상을 대표한다.

《백치》에서든 《카라마조프가의 형제들》에서든 지옥은 지금 우리가 살고 있는 이 세상이다. 장사꾼들과 "7푸트의 뚱뚱한 여자들", 교황, 학자, 의사, 재판관들이 있는 세상이다. 악마는 이반에게 말한다. "너희에게 있는 모든 것이 우리에게도 있지. … 나는 사탄이라서 인간적인 것은 아무것도 나에게 낯설지 않다네.Satanas sum et nihil humani a me alienum puto." 이 세상은 영원한 관계와 운명을 완전히 벗어던졌다. 이곳에서 살아가는 인간의 삶은 하나님에게서 오는 감동과 하나님을 향한 움직임이 없어서 불안하기만 하다. 인생은 목표에 도달하기도 **전에** 멈춰버렸다. 그래서 아예 목표가 **없다**. 지루한 무의미함과 무의미한 지루함이 남았다. 악마가 말한다. "이 지구는 벌써 수천억 번, 아니 그보다 훨씬 더 많이 이런 일을 반복했을 거라고. 정말 무례하기 짝이 없는 지루함이지."《죄와 벌》에서는 악마적인 호색한 스비드리가일로프가 이것을 봐낸다. "영원이라… 그것은 언제나 인간이 파악할 수 없는 이념으로, 섬뜩하고 거대한 무언가로 우리에게 다가오지요. … 그러나 한번 상상해 보십시오. 그 영원 대신에 작은 방 하나가 있습니다. 시골의 어느 목욕탕 비슷한 것인데, 연기로 그을린 자국이 있고 구석마다 거미들이 있는데, 그것이 영원이 되는 겁니다." 그렇다, 그것은 지옥이다. 하나님으로부터 떨어져 나와 완전히 의미 없는 곳이 되어버린 이 세상, 영원히 연기에 그을린 모서리다. 그래서 우리는 이렇게 말할 수 있다. "현세의 영원한 생명"이란 끔찍한 자기모순이다. 그것은 하나님 **없는** 영원한 생명이다. 그것은 모든 사건이 아무런 의미 **없이** 역사적·심리적으로 끝없이 흘러가는 것이다. 물론 인간적이고 유한한 의미 부여는 있다. 하지만 유한하고 인간적인 모든 의미 부여를 근본적으로 뒤흔드는 신적이고 초월적인 유래(어디로부터?)와 미래(어디로?)는 없다. 지구와 인류가 인간의 철학과 종교와 함께 뒤엉켜 발전하고는 있지만, 역동적으로 그곳에 내재하면서 늘 새롭게 들려와야 할 절대적이고 초월적인 목표(무엇을 위하여?) **없이** 끝없이 뻗어나가기만 할 뿐이다. 역사가 있는 것 같지만, 어떤 사건을 역사로 만들어주는 위기, 곧 하나님으로 인한 위기는 **없는** 역사에 불과하다. 이것이 바로 지옥이다.

이렇듯 본래의 의미를 빼앗긴 세상에서는 그 세상의 초월적인 의미를 천명해준 사건조차도 아무런 의미를 지니지 못한다. 그 사건이란 그리스도의 십자가 죽음을 말한다. 그 희생 사건조차도 여러 다른 사건 가운데 하나로 전락한다. 인간의 역사적·심리적 현실의 영역에서 펼쳐지는 수많은 가능성 가운데 (최고의 것이라고 할지라도) 하나에 불과하다. 그러면 그 사건이 원래 의도했던 바를 이루지 못한다. 그리스도의 십자가 죽음은 이 세상의 현실과 거기 속한 모든 가능성의 종말, 급진적인 한계, 위기를 의미한다. 이 세상의 현실과는 전혀 다른 현실, 곧 하나님의 현실이 시작됨을 의미한다. 악마는 여전히 하나님을 부인하면서 태연하게 십자가 옆을 지나간다. 그는 말한다. "십자가에 달려 죽으신 그분, 하나님의 말씀께서 하늘로 들어가실 때 나도 거기 있었지. 호산나를 외치는 천사들의 환호성을 들었어. 하늘 보좌를 지키는 스랍 천사들이 기뻐 외치는 소리가 천둥소리 같았지. 그 소리로 하늘이 떨리고 세상의 모든 건물이 떨렸지." 그러나 그는 호산나를 부르지 않는다. 지옥에서 솟구쳐 오르는 호산나 찬송과 더불어 모든 인생은 그 즉시 잃었던 영원한 의미를 되찾게 될 것이며, 그렇게 세상의 의미가 다시 표출되면 악마와 지옥은 저절로 해체될 것이기 때문이다. "꼭 필요했던 마이너스가 즉시 사라질 것이고 … 이로써, 당연한 일이지만, 모든 것이 끝나버리겠지." 악마의 자조적인 진단이다. 이러한 악마적인 지혜를 그대로 인정해주는 것 같은 말이 조시마 장로의 입에서도 나온다. 그의 고백은 신성한 지혜를 담고 있다. "인생은 낙원이란다. 우리 모두는 낙원에서 살고 있지. **우리는 그것을 도무지 깨달으려 하지 않는구나.** 그런데 만일 우리가 그걸 깨달을 수 있다면, 우리는 내일 낙원에 있게 될 거야."

이것이 이반 카라마조프가 악마, 곧 자기 자신과 나눈 대화다. 《카라마조프가의 형제들》의 중반 즈음에 조시마 장로는 이런 말을 남긴다. "지옥에 있는 사람들 중에는 **온전한 진리를 깨달았음에도 불구하고** 오만하고 잔인한 삶을 산 사람들이 있단다. 언제나 철저하게 사탄의 뜻을 따르고, 자기 자신의 거만한 정신을 따라 살았던 사람들은 참 끔찍하구나. 그들에게 지옥은 자발적이고 결코 만족스럽지 않은 어떤 것이란다. 그들은 사악한 교만을 먹고 살아간다. 마치 사막에서 굶어 죽어가는 사람이 자기 몸에서 피를 빨아먹고 있는 것과 같은 모습이지. 그들은 하나님의 용서를 거부하고 그들을 부르시는 하나님을 저주한단다." 이반 카라마조프는 이렇게 끔찍하고 자기 파괴적인 모순을 구현한다. 이 외에도 악마적인 인물이 또 몇 사람 있다. 《죄와 벌》에는 스스로를 파괴하고 파멸시키는 스비드리가일로프가 있고, 《악령》에는 스타브로긴과 키릴로프가 있으며, 《백치》에는 로고진과 같은 관능주의자가 있다. 그러나 이반 카라마조프에 필적할 만한 인물은 아무도 없다. 자신의 정신을 파괴하고 자기모순의 고통에 빠진 채―언젠가 알료샤가 말한 것처럼―"가슴과 생각 속의 지옥"에서 살고 있는 이반에게 마지막으로 남은 것이라고는 신체의 몰락밖에 없다. 의사는 순서가 뒤바뀐 거라고[신체가 무너져서 정신의 고통을 겪고 있는 거라고] 말한다. 그러나 형이상학적인 원인 때문에 생긴 병에 대해 의사가 뭘 알겠는가! 인간이 신성모독의 죄를 용서받지 못해서, 혹은 하나님으로 인해서 아플 수도 있고 죽을 수도 있다는 사실을 의사가 어찌 알겠는가! 이반은 신경성 열[발진티푸스] 때문이 아니라 자신의 악마 같은 광기 때문에 무너져 내리고 있다. 악마는 그런 이반을 어떻게든 치료해보려고 하는 의사들을 비웃을 뿐이다.

이반의 병을 제대로 이해하고 있는 유일한 사람은 동생 알료샤다. 수줍음을 많이 타지만 깊은 구석이 있는 청년 알료샤는 이런 진단을 내린다. "도도한 결단과 깊은 양심이 주는 고통이라니! 이반이 믿지 않는 하나님과 그분의 진리가 아직도 복종하려 하지 않는 그의 심장을 제압했다." 지옥의 낭떠러지로 가라앉고 있는 이반에게도 아직 희망이라는 것이 있을 수 있다면, 바로 이 진단이야말로 그에게 마지막으로 비쳐오는 희망, 최후의 희망, 유일한 희망이 아닐까?

내가 지옥에 내 자리를 펴더라도 당신은 거기 계시나이다.

시편 139:8하

하나님 때문에 아프거나 죽을 수 있다면, 하나님 때문에 건강해지고 부활할 수 있는 가능성도 있지 않을까? 인간에게 불가능하고 불가해한 그 압도적인 가능성이 존재하지 않는다면 어떻게 하나님으로 인해 아프거나 죽거나 할 수 있다는 말인가? 조시마 장로가 그 청년에게 저 밖의 세상 사람들을 위해 기도하라고 강조한 것은 결코 우연이 아니다. 이 세상에 살아가면서도 볼 것을 제대로 보지 못한 채 죽어가는 사람들을 위해 늘 기도하라는 것이다. "주여, 당신 앞에 나오는 모든 사람을 불쌍히 여겨주소서!" … "알료샤는 조용히 미소를 지었다. 그리고 생각했다. '하나님께서 승리하실 거야!' '이반 형은 진리의 빛 속에서 **부활**하든지, 아니면…'" (물론 전혀 다른 가능성, 즉 영원한 저주를 받아 내쫓길 가능성도 있다. 그렇지 않고 무조건 은혜만 있다면 그것은 진정한 **은혜**가 아닐 것이다!) "'**미움** 속에서 몰락하겠지.' 알료샤는 씁쓸하게, 아픈 마음으로 덧붙였다. 그리고 다시 한 번 이반을 위해 기도했다."

"그리고 다시 한 번 이반을 위해 기도했다."―이것이 마지막 말이다. 지옥에 자리를 편 사람에게도 구원이 손길이 가닿을 수 있으리니! 악마-대심문관은 그리스도를 향해 미움을 가득 담아 불경스러운 연설을 퍼부은 다음 "그분이 자기에게 뭔가 말해주기를 기다린다. 씁쓸하고 두려운 말이라도 좋으니까 무슨 말이든 해주기를 기다린 거야. 그런데 갑자기 그분은 아무 말도 하지 않고 그 노인에게 다가오더니, 아흔 살 노인의 핏기 없는 입술에 조용히 입을 맞추지. 이것이 그가 한 대답의 전부야."

바로 이것이 도스토옙스키의 대답이다. 끔찍한 불신앙 속에서 살아가는 인간에게 그가 《카라마조프가의 형제들》을 통해 주는 대답이다. "하나님께서 승리하실 거야!" 이 대답 속에 용서가 있다. 그 용서는 그리스도를 배반한 교회에 대한 용서이기도 하다.

이것이 이반 카라마조프다. 도스토옙스키는 종교 그리고 교회와 씨름하면서 그 안에 감춰져 있는 반역, 즉 하나님에 맞서는 인간의 반역과 씨름했다. 이반 카라마조프는 총체적으로 볼 때 이 격렬한 씨름을 의미하는 인물이다. 무시무시한 싸움이 지나간 후에 드디어 하나님에 대한 순수한 깨달음의 정점이 드러난다. 그제야 분명해진다. 이편은 **이편**이고 저편은 **저편**이라는 것, 인간은 **인간**이고 하나님은 **하나님**이라는 것! 그제야 인간의 모든 프로메테우스적인 욕망이 간파되고 무너져 내린다. 이제 하나님은 참 하나님으로 고백되며, 그분께 합당한 영광이 돌아간다.

이렇게 거대한 사유의 모험이 고차원적으로 전개되는 사이사이에 어두운 역사의 구렁텅이가 조명되곤 한다. 그때 우리는 어렵지 않게 알아차릴 수 있다. 도스토옙스키는 우상을 숭배하는 교회를 비판하고 있다는 것을! 그는 특히 로마 가톨릭 교회 안에 있는 그런 모습을 지적했다. 또 하나 분명한 것이 있다. 도스토옙스키는 문화로 나타난 무신론을 경계하고 있다. 그는 특히 **서구** 유럽 문명에서 그 문제가 구체적으로 나타나고 있음을 보았다. 이반 카라마조프는 뼛속 깊이 러시아 사람이지만 서구적인 특징을 지니고 있다. 그렇다고 우리가 이 문제를 놓고 도스토옙스키와 논쟁을 할 것인가? 예를 들어, 프로테스탄트 교회는 다르다고 주장하면서 우리의 책임을 회피할 것인가? 우리도 상처 받은 서구인이라고 항변하면서 또다시 **"러시아적 태도"**를 비판하고, 그럼으로써 도스토옙스키의 작품이 지니고 있는 무시무시한 통찰의 내용과 의미를 외면할 것인가? 양심이 허락한다면 그럴 수 있으려나!

5

하나님을 아는 지식

이제 마지막 한 가지만 말하면 된다. 그것은 하나님에 대한 인식 속에서 이 세상과 인생을 대대적이고도 비판적으로 해체하고 해명하는 위대한 힘이 도스토옙스키의 경우에는 다음과 같은 특징들을 통해서도 견지된다는 점이다. 그 특징이란 생명을 향한 적극적인 관심, 인간에 대한 이해, 모든 피조물의 고통과 희망을 한없는 연민으로 품어 안고 거기서 한 걸음 더 나아가는 것이다. 도스토옙스키의 모든 작품은 이런 모습을 보여주는 독보적이고 위대한 증언의 기록이다.

이편의 삶이라고 해서 무조건 거부되는 것은 아니다. 비록 이편의 삶일망정 그곳에도 시간적이고 유한한 모든 것을 포괄하는 영원에 대한 암시가 있기 때문이다. 이러한 암시 때문에 이편의 삶도 있는 모습 그대로 **사랑**받을 수 있으며 또 **사랑**받아야만 한다. "이 땅을 사랑하라, 이 땅을 너의 입맞춤으로 뒤덮으라, 사랑하고 또 사랑하라, 모든 사람과 모든 것을 사랑하라,

사랑의 감격을 추구하라. 이 땅을 네 기쁨의 눈물로 촉촉이 적시고 너의 감격을 높이 치켜들라. 사랑의 감격은 하나님의 위대한 선물이니!" 죽음을 눈앞에 둔 수도자 조시마는 자신의 제자들에게 이렇게 명령한다. 인간의 모든 연약함과 죄악 위로 최후의 용서의 빛이 비쳐올 것이다. 그러면 인간에게 있는 가장 부정적인 측면이나 악덕의 지옥이라 할지라도 하나님의 은혜에 대한 증언이 내포하고 있는 긍정성 때문에 더 이상 비극적인 최후로 내몰리지 않을 수 있다. "형제들이여, 인간의 죄 때문에 놀라서 뒤로 물러서지 말라, 비록 죄를 지으며 살고 있더라도 인간을 사랑하라, 이것이야말로 하나님 사랑의 형상이니라." 바로 이것이 도스토옙스키와 레프 톨스토이의 결정적인 차이다. 톨스토이는 평생토록 이 비극 너머로 가지 않았다. 아마도 이 차이는 두 작가의 궁극적인 전제가 상이한 데에서 비롯했을 것이다.

인간적이고 긍정적인 모든 것이 얼마나 불안정하고 상대적인 것인지가 철저하게 간파될 때가 있다. 그래서 그 누구도 자기가 다른 사람보다 결정적으로 낫다고 생각할 수 없는 때가 있다. 오히려 "모든 사람이 모든 사람 앞에서 모든 일을 통해서 죄인"《카라마조프가의 형제들》이라는 깨달음이 찾아올 때가 있다.

그때가 되면, 인간이 이렇듯 예외 없이 불안정한 존재라는 공통분모 때문에 서로 경계하고 배척하는 일이 의미를 상실한다. 그때가 되면 모든 바리새주의가 끝난다. 서로 옳다고 우기는 일도, 다른 사람을 깔아뭉개고 혼자 올라서려는 마음도 사라진다. 그때가 되면 형제애라는 것이 가능해진다. 맞다, 그것이 유일한 계명이다. 그 계명에 견줄 만한 다른 계명은 없다. "우리는 어째서 싸우는가? 어째서 다른 사람 앞에서 거들먹거리는가? 어째서 서로 용서하지 않는가?"《카라마조프가의 형제들》 그때가 되면, 인간과 인간의 새로운 공존을 위한 실제적인 조건이 주어진다. 그 조건이 주어지는 곳은 재판정이다. 모든 사람이 그 재판정에 선다. 그곳에서 인간은 자기 자신을 재발견한다. 그리고 "죄의 연대"《카라마조프가의 형제들》라는 큰 연결고리 안에서 서로를 재발견하고 재인식한다. 사실 이것이야말로 이 세상에 존재하는 연대 가운데 유일하게 참된 연대다. 그곳에서 인간은 모두가 경험하고 있는, 인생의 깊은 곤경 속에서 함께 버티고 함께 구원을 기다린다.

이러한 맥락에서 도스토옙스키의 작품은 모든 생명을 향해, 모든 자연과 인간을 향해 적극적으로 관심을 쏟는다. 그리고 존재하는 것을 긍정하되, 그 존재가 지금 그대로의 그것이 아

닌 다른 것이기 때문에 지금의 모습을 그대로 받아들이는 '역설적 긍정'에 다다른다. 그의 작품 전체가 이런 긍정의 증거가 될 수 있다. 그렇지만 모든 피조물에 대한 뜨거운 연민의 사랑을 집중적으로 다룬 대목들이 있다. 그 가운데서도 가장 강렬하게 마음을 사로잡는 대목이 앞서 언급한 **조시마 장로**의 어록으로, 《카라마조프가의 형제들》에 나오는 유명한 서술이다. 그 부분을 더 인용하지는 않을 것이다. 제대로 인용하려면 모든 문장을 인용해야 할 것이기 때문이다. 그런데 조시마 장로의 어록을 읽는 독자들에게 한 가지만은 경고 차원에서 말해두고 싶다. 그 수도승의 한마디 한마디를 너무 빨리, 너무 쉽게, 너무 표면적으로 붙잡지 말라는 것이다. 그의 가르침은 (성경 말씀의 경우도 똑같은 이유에서 그런 경향이 있는데!) 우리의 손에 들어오는 순간, 우리의 입으로 옮겨지는 순간 그 힘이 사라질 수도 있다. 우리는 조시마 장로의 어록을 읽으면서도 가장 높은 곳에서 울려 퍼지는 기쁨의 호산나 찬양이 가장 고통스러운 시험의 불구덩이로부터 솟아오른 것이라는 사실, 그리고 그의 감사도 억눌린 가슴에서 나온 것이라는 사실, 이 세상과 인간을 향한 사랑도 눈물에 젖어 넘쳐흐르고 있다는 사실을 너무나 쉽게 간과해버리기 때문이다. 이런 불꽃과도 같은 고백, 생명에 대한 빛나는 고백이 죽음을 눈앞에 둔 사람, 얼마 안 있어 썩게 될 사람의 입에서 울려 퍼지고 있는 것은 결코 우연이 아니다. 도스토옙스키는 거의 성자처럼 살았던 이 사람에게서 부패해가는 악취가 나고 있음을 분명하게 지적하고 있다. 그는 알고 있었다. 생명을 사랑한다는 것, 모든 피조물을 사랑한다는 것이 결코 그것의 신격화를 의미하지는 않는다는 것을! 여기서 우리가 배워야 할 것은 종교적 영웅이 된다든지 성인이 된다든지 하는 것이 아니다. 그렇게만 이해할 때 겉으로는 하나님 사랑이라는 옷을 입고 있지만 속으로는 인간을 신격화하는 우를 범하기 쉽다. 여기서 말하는 피조물 사랑, 인간 사랑은 철두철미하게 간접적인 사랑, 부서진 사랑이다. 함께 아파함Mit-leiden으로, 즉 연민으로 "그 땅에 입을 맞춘다." 이로써 얻게 되는 기쁨의 최종적인 의미는 전혀 다른 생명을 향한 갈망이다. 지금 여기에 있는 것과는 전혀 다른 생명을 향한 갈망, 모든 사물의 변화에 대한 갈망, "낙원"에 대한 갈망이다.

조시마 장로는 말한다. "모든 잎사귀 하나하나가 말하고 싶어 한다. 하나님을 찬양한다. 그리스도를 바라보며 눈물을 흘린다. 아무것도 의식하지 못한 채 그렇게 하는 것이다." 죄 없으신 그분이 실제로 존재하신다는 사실의 신비로움, 오로지 그것 때문에 가능한 일이다. 피조물의 **탄식**은 자연의 신비이며, 그 탄식 때문에 자연은 사랑받을 수 있다. 조시마 장로가 대변하는 가슴 벅찬 사랑의 파토스는 고통이다. 그 고통은 고난을 당하는 것, 모든 사람과 모든 것을 위해 고난의 짐을 떠안고 가는 것이다. 이 고난은 하나님의 종이 걸어가는 길이기도 하다. 이 사랑은 놀라울 정도로 부정적이고 수동적이다. 우리가 흔히 사랑이라고 여기는 것과는 근본적으로 다르다. 그 사랑은 고린도 전서 13장에 나오는 위대한 부정을 통해서만 묘사될 수 있다. "사랑은 시기하지 **아니**하며, 자랑하지 **아니**하며, 교만하지 **아니**하며, 무례히 행하지 **아니**하며, 자기의 유익을 구하지 **아니**하며, 성내지 **아니**하며, 악한 것을 생각하지 **아니**하며…." 조시마 장로가 영혼을 돌보는 일 또한 놀랍게도 부정이라는 방식으로 이루어진다. 그는 사람들의 어깨에 놓인 짐을 벗겨주려고 하지 않는다. 그들이 자기 인생의 문제에서 벗어날 수 있도록 도와주지도 않는다. 오히려 그들이 그 문제 속으로 제대로 파고들도록 인도한다. 왜 그럴까? 그는 짐을 지는 것, 인생의 문제 속에서 버텨내는 것이야말로 구원에 이르는 유일한 길이라고 믿기 때문이다. (이것은《백치》의 경우에도 마찬가지다.)

"한 알의 밀이 땅에 떨어져 죽지 아니하면 한 알 그대로 있고 죽으면 많은 열매를 맺느니라"(요한복음 12:24). 이것은 조시마 장로가 미챠 카라마조프의 운명을 두고 한 말이다. 또한 이 소설 전체의 모토이기도 하다. 이 책의 앞부분에는 조시마 장로가 자신의 조언을 구하러 온 사람들과 만나 이야기를 나누는 아름다운 장면이 묘사되어 있다. 조시마는 아들을 잃고 절망적인 슬픔에 빠진 한 어머니에게 이렇게 말한다. "부인, 만족을 구하지 마십시오. 위안을 찾지 마십시오. 스스로 위로하지도 말고 그냥 우십시오. 다만 그렇게 울 때마다 이걸 기억하세요. 당신의 아들이 하나님의 천사가 되었으며, 저 위에서 당신을 내려다보면서 당신의 눈물을 보며 기뻐하고 그것을 주 하나님께 보여드린다는 것을." 또 큰 죄를 지었다면서 찾아온 어느 여인에게 조시마 장로는 인상 깊은 말을 들려준다. "당신 안에서 참회하는 마음이 줄어들지만 않는다면, 하나님께서는 당신의 모든 것을 용서해주실 겁니다. 참회의 끈을 놓지 않으려고 노력하고 쉼 없이 뉘우치되, 두려움일랑 몰아내십시오. 하나님께서는 당신이 상상하는 것보다 훨씬 더 당신을 사랑하신다는 것을 믿으십시오. 당신이 비록 죄를 지었으나 하나님께서는 당신의 죄와 **더불어** 당신을 사랑하시며, 당신의 죄 **안에서** 당신을 사랑하십니다."

이것이 앞서 말한 피조물과 인간에 대한 사랑이며, 생명을 향한 적극적인 관심이다. 그러나 이런 사랑에 대한 권고도 만일 그것의 역설을 내팽개친 채 그저 직접적이고 직설적으로 받아들인다면 오히려 그 반대로 변질될 수 있다. 사랑이 에로티즘으로, 반항심으로, 하나님에 대한 비방으로 변질되는 것이다.

깊은 이해와 관심이 필요한 것은 자연과 인간만이 아니다. 인간의 창조 영역 중에서 가장 위험스러운 영역, 곧 **문화**에 대해서도—수많은 비판을 가한 후에, 혹은 그 비판 중에도—마찬가지로 깊은 이해와 적극적인 관심이 필요하다. 모든 인간적인 것에 대한 **절대적인** 비판 속에서 프로메테우스적 욕망이 완전히 제압된 곳, 바로 그곳, 오직 그곳에서 풍요롭고 사려 깊은 문화를 만들어가는 일이 다시 시작된다. 비판의 목적은 상대적인 정당성을 가진 기존 문화를 무조건 축소하거나 손상시키는 것이 아니다. 그런 식의 비판은 어떤 시점이 되면 절대적인 것과 상대적인 것을 대립시키고 스스로는 그 대립으로부터 이익을 챙기려는 시도에 불과하다. 그런 비판은 그저 '반항심Titanismus'에서 나온 비판이라는 질책을 받아 마땅하다. 그 비판은 이마누엘 칸트가 실감나게 표현한 바 있는 오류에 빠지게 된다. "경박한 비둘기가 허공을 가르며 하늘을 날다가 문득 공기의 저항을 느끼고 이런 생각을 품는다. 이 공기만 없다면 훨씬 더 잘 날아다닐 수 있을 텐데…." 진실한 깨달음이 일어나는 곳은 공기가 없는 공간이 아니라 지금 이 모양의 세상 한복판, 인간 존재의 문제 상황 속이다. 오직 그곳에서 깨달음이 증명된다. 도스토옙스키는 이것을 끊임없이 의식했다. (아마 이것도 톨스토이와 다른 지점일 것이다. 톨스토이는 그야말로 거센 반항심 속에서 사회에 비판을 가한다.) 절대적인 것은 **하나님**이다. 그 무엇도 하나님의 역할을 대신할 수 없다. 이 사실을 아는 사람은 시시각각 엄습하는 초조함과 격정 속에서도 인내하며 하나님을 기다릴 것이다. 도스토옙스키는 알고 있다. 인간에게 중요한 것은 제힘으로 궁극적 소실점을 붙잡는 것이 결코 아니라는 것을! 그래서 그는 궁극적 소실점을 기존의 것들과 반목시키려고 하지 않는다. 오히려 기존의 모든 것 **안에서** 궁극적인 것을 가리키는 신비로운 관계를 찾아내려고 한다. 그는 하늘 높이 치솟는 바벨탑을 쌓아올리자고 외치지 않는다. 바로 그렇기 때문에 이 세상에서 자그마한 탑들을 세우는 일에 참여할 수 있다. 작은 탑들은 유한하고 상대적이고 제한적이다. 그래서 더욱 사랑스럽다. 그런 탑들은 그가 기다려 마지않는, 완전히 다른 하늘의 도성을 가리키고 있기 때문이다. 도스토옙스키는 인간을 초인超人, Übermensch으로, 그게 아니라면 적어도 고귀한 존재로 교육하거나 발전시키려는 반항적인 발걸음을 내딛지 않는다. 바로 그렇기 때문에 이 세상에서 마땅히 감당해야 할 작고 겸손한 발걸음들을 내딛는다.

이런 맥락에서 보면, 도스토옙스키가 기존의 세상을 절대적이고 근본적으로 비판하면서도 신기할 정도로 너그러우며, 심지어 긍정적인 태도를 취한 것이 충분히 이해가 된다. 특히 현실의 국가와 교회를 대할 때 그런 태도가 드러난다. 하나하나 예를 들 수는 없다. 하지만 분명하게 느낄 수 있는 것은 도스토옙스키가 너무나 의심스럽고 불안한 정치적·사회적 상황을 묘사하면서도 신기할 정도로 담담하게, 감정에 치우침 없이 사실적으로 그려내고 있으며, 그러면서 최대한 상황을 이해하고 용서하려는 태도로 묘사하고 있다는 점이다. 우리에게는 분노나 새로운 것을 이룩하려는 거룩한 열정이 너무 없어 보이기도 한다. 그의 첫 번째 작품 《가난한 사람들》을 생각해보자. 다름 아닌 가난을 주제로 삼았는데도 사회 현실에 격분한 흔적이 전혀 없다! 《카라마조프가의 형제들》 마지막에 나오는 재판 장면을 생각해보자. 사법 체제는 완전히 부패했다. 특히 그 체제의 심리학과 사람을 다루는 태도는 철저히 썩어 있었다. 도스토옙스키는 그것을 정확하게 인식하고 가차 없이 폭로하지만 그의 글에서 도덕주의의 파토스라고는 전혀 찾아볼 수가 없다. 톨스토이의 경우에는 이와 비슷한 상황에서 전혀 다른 글쓰기 패턴이 나온다. 톨스토이가 재판 장면을 묘사할 때는 거의 예외 없이 판결의 통렬함, 준엄함, 잘 통제되지 않은 격정이 드러난다. 그러나 도스토옙스키는 격정을 배제한 차분한 시선으로 모든 사건에서, 심지어는 너무나 불의하고 끔찍한 사건에서도 그 속에 감춰진 긍정성을 찾아낸다. 대표적인 사례가 시베리아 형무소의 생활을 묘사한 《죽음의 집의 기록》이다. 도스토옙스키는 기존의 질서를 통렬하게 비판하는 고발자가 될 수도 있었을 것이다. 젊은 시절 그는 재판부의 실수로 법정에 서게 되었고 시베리아로 끌려가 수년 동안 험악한 시간을 보내다가 돌아왔다. 그러니 자기가 당한 불의한 일 때문에라도 미움과 분노로 끓어오르는 격정의 혁명가가 등장해야 마땅하지 않은가? 그런 예상을 깨고 작품에는 차르에게 충성하는 신하가 등장한다. 《죽음의 집의 기록》에서는 혁명적인 파토스가 전혀 느껴지지 않는다. 그 대신 전혀 다른 종류의 파토스가 더욱 강렬하게 부각된다. 그것은 인간이 저지르는 가장 끔찍한 오류에도 끝내 꺾이지 않는, 위대한 이해와 용서의 파토스다. 단 한 건의 고발도 찾아볼 수 없는 이 책 자체보다 강력한 고발이 있을까?

이런 도스토옙스키가 직접적인 고발과 열정적인 비난을 쏟아부을 때가 있다. 인간이 스스로 거인이 되어 반항적인 몸짓을 보일 때다. 도스토옙스키는 인간이 고난과 모욕을 당하는 곳이 아니라 스스로의 힘으로 자기의 의를 추구하고 자기의 바벨탑을 쌓는 곳에서 반항의 몸짓이 가장 적나라하게 드러남을 본다. 그래서 그는 사회주의를 향해 손가락을 치켜 올린다. 그래서 서구 문화를 향해 주먹을 불끈 쥔다.

그가 시베리아 형무소에서 본 것은 그런 몸짓이 아니었다. 오히려 정반대였다. 그곳에서 그를 사로잡은 하나의 압도적인 체험, 가장 깊은 인상을 남긴 체험은 겸허한, 부서진, 고통당하는 인간과의 만남이었다. 거기서 그는 인생을 이해하고 극복할 수 있는 숨겨진 힘에 대한 깨달음을 얻게 되었다. 그 힘은 이 세상에서 똑똑하고 지혜롭고 건강하고 강한 사람들보다 저 낮은 곳의 가난한 사람들 가운데 생생하게 살아 있었다. 그는 이 흔치 않은 힘, 감추어진 힘, 역설적인 힘을 "사랑"이라 부른다. 조시마 장로는 그 사랑에 대해 이렇게 말한다. "겸허한 사랑은 무서운 힘이다. 그것은 가장 위대한 힘이다. 그 힘에 맞설 수 있는 것은 아무것도 없다."

도스토옙스키는 낮은 곳에 있는 겸허한 사람들에 대한 존경의 마음을 잃지 않았다. 사회적이고 정치적인 개혁과 혁명보다도 그들의 감추어진 힘에 더 큰 기대를 걸었다. 이것이 민중에 대한 그의 믿음이고 이것이 그의 **보수주의**이다. 1878년에 도스토옙스키가 쓴 편지에는 사회적 현안에 대한 그의 입장이 잘 드러나 있다. 스스로 깨어 있다고 생각하면서 이상과 혁명을 추구하는 일군의 대학생들이 편지의 수신인이었다. 도스토옙스키는 그런 청년들에 맞서 "거친 민중"을 옹호했다. 그는 민중들이 지닌 진리에 대한 순수한 감각과 하나님에 대한 신앙을 그 근거로 내세웠다.

도스토옙스키는 이런 관점에서 그가 옹호했던 민중의 **교회**에 대해서도 보수적인 태도를 취했다는 사실을 언급할 필요가 있다. 그는 교회의 문제를 속속들이 알고 있었다. 교회에 대한 그의 비판은 아슬아슬할 정도로 급진적이었다. 그러나 그는 교회에서 아예 튕겨져 나오지는 않았다. 그는 교회 없는 진공 상태로 치고 나가기를 시도하기보다 교회의 문제를 붙잡고 씨름하는 편을 선택했다. 그는 전자의 시도가 결코 성공할 수 없음을 알고 있었다. 인간의 힘으로 하나님 나라를 차지하려는 시도가 모두 그렇듯이, 교회 바깥에서 마음껏 무언가를 성취하려는 시도는 인생의 의미를 구성하는 데 결정적으로 중요한 종말론적인 긴장을 서둘러 미리 제거해버리는 결과를 낳는다. 그는 교회가 몰락함으로 구원이 올 것이라고 기대하지 않았다. 교회가 사라진 자리에는 또다시 새로운 교회 혹은 교파가 생겨날 것이다. 그래서 도스토옙스키는 다시금 저 겸허한 사람들의 급진적인 힘에 기대를 건다. 오로지 그들을 통해 구원이 오리라 기대한다. 그들은 교회 울타리 안에서도 기꺼이 괴로운 현실의 짐을 진다. 그들의 기도는 진실하다. 그 옛날 성전에서 진실한 기도를 바친 세리처럼, 그들도 지금 인생의 바닥을 경험하고 있기 때문이다. 지금 그들에게 남아 있는 것이라고는 높이 계신 하나님께 바치는 강력하고도 겸허한 외침뿐이다. 도스토옙스키는 조시마 장로의 입을 통해서 이런 겸허한 신앙인과 수도사들의 역할에 대해 심오한 깨달음이 담긴 말을 전한다. 사실 조시마 장로 자신이야말로 하나님의 진실한 친구란 어떤 모습인지를 우리에게 생생하게 보여준다. 하나님의 사람은 종교와 교회라는 위험하고 애매한 영역의 한복판을 지나 온갖 유혹과 시험이 그치지 않는 외로운 길을 걸어간다. 이런 치열한 싸움과 거기에 동반되는 어려움을 견뎌내는 일은 너무나 힘들고 유혹도 많지만 이런 싸움과 견딤이야말로 정말 필요한 것으로,

싸우고 견디는 이는 위대한 약속의 성취를 맛보게 될 것이다. 용감하게 이 싸움에 뛰어드는 사람들이야말로 진정한 교회다. 그들은 스스로를 내세우는 일 없이—자기가 지금 교회와 맞서 싸운다든지, 교회에서 탈퇴했다든지 하는 우쭐거림도 없이— 교회 안에서 교회를 넘어선 곳을 가리키며 교회를 넘어서서 성숙해간다. 그들은 기성 교회의 수호자를 자처하는 사람들로부터 날아오는 온갖 적대적인 공격을 참아내야 한다. 자칭 교회의 수호자라는 사람들은 그들이 마지못해 교회를 떠나는 날이 오기만을 손꼽아 기다릴 것이다. 도스토옙스키는 조시마 장로의 주변에서 별의별 말을 늘어놓으며 쑥덕거리는 사람들을 통해 바로 이것을 보여주고자 했다.

그런데 이 부분에서 절대 오해하지 말아야 한다. 도스토옙스키는 기존 질서를 있는 그대로 받아들이자고 말하는 것이 아니다. 역사의 흐름이나 인간 세계의 질서를 그냥 인정하거나 미화하자는 것이 결코 아니다. 도스토옙스키의 입장은 언뜻 보수적인 것처럼 보이지만 사실은 급진적인 입장이다. 인생의 문제를 처음부터 끝까지 완전히 펼쳐 놓는 것은 모든 기존 질서에 대한 가장 강력한 공격이다. 기존 세력은 스스로를 보존하고, 영속화하고, 신격화하는 걸 좋아한다. 도스토옙스키는 스스로 거인과 같이 되려는 **이** 오만한 반항심을 예리하게 간파하고 그에 맞서 치열하게 싸운다. 그런데 이미 말한 것을 다시 반복할 필요가 있을까? 도스토옙스키의 인물은 하나같이 기존 질서에 맞서 불꽃처럼 뜨겁게 타오르는 **하나의** 위대한 저항이다. 그래서 우리가 도스토옙스키의 작품을 읽으면서 그와 대화할 때마다 그의 영향력이 점점 강해지는 것을 느끼며 걱정하다 못해 두려워하게 되는 것은 결코 우연이 아니다. 왠지 모르게 공격 당하는 것 같고, 궁지에 몰려 위협을 당하는 것 같고, 우리의 존재 전체가 미궁으로 빠져드는 것 같은 느낌을 받는 것도 지극히 당연하다. 우리는 모두 기존 질서에 매달린 채 살아가고 있지 않은가? 우리는 모두 저 황야로 걸어 들어가는 것을 두려워하지 않는가? 도스토옙스키의 작품이 우리에게 요구하는 믿음의 모험, 즉 어둠 속으로 뛰어드는 것을 두려워하지 않는 사람이 어디 있는가?

　도스토옙스키가 인간이 처한 현실의 공허함과 부패함, 심판받아 마땅한 죄악상을 그 누구보다 적나라하게 폭로했다는 점에서는 "러시아 혁명의 예언자"(메레지콥스키)라 칭할 수 있다. 그러나 그가 모든 인간이 처해 있는 근본적인 위기를 볼셰비키 당원과는 비교할 수 없이 심오하고 급진적인 방식으로 꿰뚫어

보았다는 점을 생각하면 그 말만 가지고는 충분하지 않은 것 같다.

그러나 무엇보다 하고 싶은 말은 바로 이것이다. 도스토옙스키의 작품이 그러하듯이, 모든 것이 궁극적인 것, 하나님의 해법, 곧 "부활"을 지향하는 곳에서는 지금 이 시간과 세상 한가운데라 할지라도 놀라운 부활의 전령이 나타난다. 부활의 비유가 나타난다. 이것은 인간이 존재의 압력에 굴복하지 않으려고 만들어내는 반항적인 자기 방어 기제들보다 훨씬 강력하고 변혁적이다. 도스토옙스키의 작품에서 자주 등장하는 하나님 나라에 대한 예화들도 이런 맥락에서 이해할 수 있다. 그런 이야기들은 온갖 어두움과 문제 상황 속에서 오히려 더 환한 빛을 발한다. 그것은 새로운 인류의 시작을 미리 알려주는 신비의 빛, 저쪽에서 가장 먼저 비쳐오는 빛과 같다. 예를 들어, 조시마 장로가 들려주는 어느 장교 이야기를 떠올려보자. 그 장교는 결투를 눈앞에 둔 상황에서 자기의 권총을 숲속에 던져 버린다. 여기서 다시 한 번 톨스토이와의 차이를 떠올려보면, 이런 모습의 심오한 의미가 더욱 분명해진다. 톨스토이에게서도 이와 비슷한 장면이 종종 등장한다. 톨스토이의 경우* 이런 장면은 거의 대부분 인간이 새로운 인생으로 진입하는 데 필요한

---

* 나는 여기서 도스토옙스키와 톨스토이의 차이를 부각시키기는 하지만, 톨스토이의 위대한 작품들 중에서도 여러 민담이나 《주인과 하인》, 《이반 일리치의 죽음》 등에서는 도스토옙스키의 생각과 아주 가까운 대목이 있다는 사실을 잊지 않고 있다. 그러나 이러한 단편들은 작품 전체의 주된 흐름을 놓고 볼 때 그다지 결정적인 의미를 가지지는 않는다.

마지막 단계로, 종교적으로나 도덕적으로 최고의 위업이 달성되는 곳이다. 그러나 도스토옙스키는 다르다. 치열한 몸부림은 있다. 하지만 지나치게 안간힘을 쓰지는 않는다. "회심"이라 부를 만한 일이 일어나기는 하지만 아주 자유롭고 세상적이고 긍정적인 방식으로 일어난다. 이는 복음서에 나오는 세리와 죄인의 "회심"을 떠올리게 한다. 반면 톨스토이의 작품에서는 필연적으로 **경건주의적인** 참회의 노력을 떠올리게 된다. 도스토옙스키의 작품에도 그런 결단과 전환의 순간이 있지만 그것이 회심자와 비회심자의 구분, 의로운 사람과 불의한 사람의 구분, 하나님의 자녀와 세상의 자녀로의 구분으로 귀결되지는 않는다. 톨스토이나 경건주의자들의 경우에는 반드시 그런 구분이 있어야 하고 심지어는 그러한 구분이 목표가 되기도 한다. 물론 복음서의 예수 주변에서는 그런 일이 **안** 일어나지만 말이다. 예수 안에서는 오히려 이 세상과 하나님, 죄인과 의인이 함께 어우러진다. "그는 세리와 죄인들과 더불어 먹는다." 도스토옙스키의 작품에서 나타나는 것은 이런 예수의 모습과 가깝다. 조시마 장로가 했던 이야기에서 결투를 마치고 "회심한" 장교는 아직 회심하지 않은 세상 친구들과 비로소 흉허물 없이 어울린다. "이제는 그들 모두 나를 잘 알고 매일 나를 자기들 집으로 초대했지요. 그리고 그들은 나를 보며 깔깔댔어요. (엄숙한 순교자의 분위기라고는 전혀 찾아볼 수 없다!) 그렇지만 나를 사랑했답니다."

도스토옙스키는 이런 결정적인 변화를 통해 인간에게 새로운 삶을 강요하려는 의도가 전혀 없다. 이것은 인간이 종교적·도덕적 가능성의 계단에서 온갖 노력을 집중하여 마침내 도달할 수 있게 된 마지막 단계나 가장 높은 단계가 아니다. 오히려 새롭게 시작된 자유의 여정에서의 첫 단계인 것이다. 자유의 여정은 인생의 바닥에서 하나님의 가능성을 향해 시선을 돌릴 때 가시화된다. 결정적인 변화는 우리가 발버둥치고 억지를 써서 얻어낼 수 있는 것이 아니다. 이는 하나님에 대한 인식과 그분의 영원한 능력에서 흘러나온다. 그리고 이것은 다시금 그 능력을 가리켜 보이는 비유나 삽화의 기능을 한다. 그렇기 때문에 특별히 강조할 필요도 없다. 그 변화는 어디에서도 목적이나 의도대로 나타나지 않는다. 그것을 원하거나 요구할 수도 없다. 그저 길가에 피어 있는 꽃처럼 가만히 서 있다. 게다가 그 길은 특별한 성인이 걸어가는 길이 아니다. 애쓰며 노력하는 사람의 길도 아니다. 누가 봐도 이 세상의 자녀인 이들, 심지어 죄인과 창녀와 살인자, 불안하고 절망적인 사람들이 걸어가는 길 언저리에서 피어난다. 용서의 나라로 인도하는 길은 의인의 길이 아니라 죄인의 길이기 때문이다. 물론 그 경험과 체험도 길가의 꽃들과 마찬가지로 시들어버린다. 하나님 나라가 앞당겨져 온다든지, 온 세계로 널리 퍼져 나가는 종교 운동이 일어난다든지 하는 일은 일어나지 않는다. 가시적이고 지속적인 거룩함과 구원에 대한 서술도 없다. 성자도 죽어서 썩는다. 그의 거룩함도 신성불가침의 영역은 아니다.

도스토옙스키의 작품에는, 하나님의 빛이 갑자기 출현함을 보여주는 크고 작은 표징들이 언제라도 오해의 대상이 되는 것을 막아줄 수 있는 삼중 보호 장치가 있다. 여기에서 오해란 사람들이 그 빛도 결국에는 **인간적인** 빛에 불과하다고 생각하는 것이다. 하지만 "하나님은 **하나님**이시고 그분은 인간이 감히 가까이 갈 수 없는 빛 속에 거하신다." 그러므로 인간이 그분에게 아주 가까이 있는 때, 바로 그때 우리는 그분의 빛에 대해 이야기할 수 있는데, 그때도 절대적으로 역설적인 어떤 것에 대해서만 말할 수 있다. 그렇지 않다면 우리가 말하는 빛은 **그분의** 빛이 아니다. 그러나 도스토옙스키는 바로 그 빛, 오직 **그분의** 빛에 대해서 말하고자 한다. 새로운 삶을 암시하는 모든 사건과 사례들은 인간의 접근을 추호도 허용하지 않는 **하나**

님의 가능성, 곧 용서의 가능성을 증명한다. 그런 사건과 사례들은 어떤 도덕적이거나 종교적인 솟구침飛上과 혼동되어서는 안 된다. 도스토옙스키에게는 그럴 만한 여지가 없다. 그의 글은 포에스터*의《청소년 교본》이나 목사들의 교훈적인 예화 모음집과는 다르다. 그의 글은 도덕주의자들에게 너무나 확실하고 끔찍한 모욕을 안겨주었다. 전통적인 의미의 교육에 대해서는 일언반구도 없다. 도스토옙스키 앞에서 교육자들은 (가장 현대적인 교육자든 가장 혁명적인 교육자든!) 어쩔 줄 몰라 한다. 물론 그들 가운데서도 모든 교육의 시도 너머에 있는 가능성을 조망할 수 있게끔 시야를 확 틔워주는 도스토옙스키의 말을 들을 수 있는 사람, 예컨대 **"기도가 곧 교육이다!"**라는 말을 들을 수 있는 사람은 예외라 할 것이다. 하나님 나라는 우리가 이 세상 어딘가에 세울 수 있는 나라가 아니다. 그러나 그 나라가 지금 힘 있게 다가오고 있다. 창녀와 죄인이 그 나라에 제일 먼저 들어갈 것이다. 귀 있는 자는 들어라!

　톨스토이의 작품에서는 거의 유일한 요청처럼 나타나는 것이 도스토옙스키에게서는 전혀 찾아볼 수 없다는 사실도 대단히 흥미롭다. 톨스토이에게서는 **순교자**가 되라는 요구가 자주 눈에 띈다. 도스토옙스키의 생각은 정반대다. 그런 일은 인생의

---

* 프리드리히 빌헬름 포에스터Friedrich Wilhelm Foerster(1869~1966)는 독일의 철학자, 교육학자, 평화주의자로 1898년부터 1912년까지 취리히대학교에서 철학과 도덕교육학을 가르쳤다. 그는 1904년《청소년 교본Jugendlehre》이라는 책을 출간했다. 부제는 '어른과 교사와 성직자를 위한 책Ein Buch für Eltern, Lehrer und Geistliche'이다._역주

문제 상황을 직면하지 않고 거기서 탈출하려는 시도에 불과하다. 도스토엡스키는 오히려 그런 가능성은 무조건 버려야 한다고 주장한다. 그의 후기 작품 중에서 《어느 우스꽝스러운 인간의 꿈》이라는 단편소설이 있다. 도스토엡스키가 말하고자 했던 것을 짧은 분량 안에 다 담아낸 심오한 작품이다. 거기서 그는 인간이 살아계신 참 하나님에게 등을 돌리고 이 땅을 지옥으로 만들어버린 이야기를 들려준다. 거기에는 여러 가지 타락의 증상들이 소개되는데 그중 하나는 이렇다. "인간은 고통을 알게 되고 그걸 사랑하게 되었지. 그들은 고통을 갈망하면서, 진리는 오로지 **순교**를 통해서만 얻을 수 있다고 말했다네." 도스토엡스키는 순교자의 엄숙하고 무거운 태도를 유한한 인간의 반항적인 몸짓에 불과하다고 보았다. 그 인간은 자기를 버리는 것 같지만 근본적으로는 그런 행위를 통해서 자기를 찾으려 할 뿐이라고 본 것이다.

그래서 그는 전혀 다른 요구를 거듭 제시한다. 그것은 **어린아이**처럼 되라는 요구이다. 어린아이 자체가 실제 현실과는 전혀 다르게 특별히 거룩하거나 천사 같은 존재라서가 아니다. 그러나 도스토엡스키가 그려낸 어린이들의 모습을 보면 어른들보다 뛰어난 점이 하나 있다. 그것은 바로 무방비 상태로 인생 앞에 서는 것이다. 어린이들은 교육자보다 깊은 시선으로 인생의 어려움과 그 어려움 너머의 약속을 예감한다. 그러면서도 그것 때문에 마냥 괴로워하고 마냥 행복해한다. 어른들처럼 그 앞에서 아무렇지도 않은 척한다든지 히스테리를 부린다든지, 온갖 교묘한 방법을 동원하여 인생의 의미 앞에서 도망하려 하지 않는다. 어린 라스콜리니코프는 고통스러워하는 한 마리 말을 보고는 충격을 먹고 정신없이 소리를 지른다. "아빠, 저 사람들 뭐 하고 있는 거야?" 아버지는 대꾸한다. "자, 그만 가자!" 그러나 아이는 소리를 지르며 사람들 사이를 뚫고 들어가 말에게 다가간다. 피가 철철 흐르는 죽은 말의 머리를 껴안고 입을 맞춘다. 그러고는 벌떡 일어나 분노로 작은 주먹을 불끈 쥔 채 마부에게 달려든다. "너희가 회개하고 이 어린이같이 되지 않는다면…."

우리의 삶이 매 순간 보여주는 것에 대해 이렇듯 온전히, 열정적으로 자신을 내던지는 것이 어린아이다. 어떤 일이 벌어지더라도 절대적인 진실성을 지니고 순진한 무방비 상태로 그걸 맞이한다. 분노와 부끄러움과 환호성으로 대응한다. 이것이 아직 때묻지 않은 어린이의 본질이다. 어린이가 이런 경탄과 경악과 환희를 잘 간직하도록 도와주는 것, 이것이 교육의 유일한 목표다. (다시 한 번 **부정적인** 목표다!) 예컨대 백치나 알료샤가 아이들을 대할 때 생각하고 있는 목표다. 어린이가 서 있는 곳으로 되돌아가는 것은 어른의 입장에서는 단순한 목표를 넘어서는 것이리라. 왜 그런가? 그렇게 어린이로 돌아간 사람, 자신을 활짝 열고 깨끗한 양심을 회복한 사람, 내적인 움직임에 자신을 내맡길 수 있는 사람 속에서는 수많은 경탄과 경악을 거쳐 서서히, 혹은 갑자기 가장 위대한 것이 깨어나기 때문이다. 그 위대한 것은 곧 **하나님에 대한 감각**der Sinn für Gott이다. 이 감각은 어떤 도덕적인 상태나 종교적인 상태가 결코 아니다. 이 감각 자체가 이미 한 조각의 "부활"이다. 도스토옙스키는 바로 이것을 얻기 위해 노력했다.

—

이제 마지막 질문이 남아 있다. 정작 **도스토옙스키 자신**은 이런 깨달음 앞에서 불성실하지 않았던가? 그야말로 가장 반항적인 방식으로 영원한 것, 신적인 것, 새로운 생명의 그리스도, 부활, 궁극적인 것을 특정한 역사적 상황 속으로 끌고 들어오는 배신을 자행하지 않았던가? 우리는 그가 **정치가**로서 차지했던 자리가 있었음을 생각한다. 그리고 도스토옙스키 특유의 반항적인 열정을 생각한다. 도스토옙스키는 그 열정 속에서 러시아의 미래를 믿었고 그 미래를 위해 투쟁했다. 우리는 또한 그가 자신의 정치적인 입장을 피력하기 위해서 섬뜩할 정도로 종교적인 어조로 말했다는 사실을 생각한다. 우리는 그가 정치적인 목표를 이루기 위해 유혈이 낭자한 정복 전쟁도 불사할 정도로 모든 수단을 강구했으며, 그 수단들을 쓰는 것이 가능할 뿐 아니라 마땅하다고 생각했다는 사실을 생각한다.

이것은 너무나 분명한 사실이다. 앞서 말한 모든 걸 인정할 수밖에 없다. 우리는 도스토옙스키 자신의 삶이 극단적인 불안정성의 빛 속으로 들어가는 지점에 서 있다. 여기서 그를 위한 변명을 늘어놓는 것은 오히려 그를 오해하는 것이다. 하지만 우리는 마지막으로 이 문제를 좀 더 깊이 생각해보려고 한다. 도스토옙스키의 사고에는 두 가지 축이 있다. 하나는 있는 그대로의 인생, 있는 그대로의 세상이다. 다른 하나는 저편에 존재하는 것, "부활", 영원이다. 이편에는 인간이 있고 저편에는 하나님이 계시다. 이 두 가지가 절대적이고 결정적으로 서로 관련을 맺고 있다는 것이 도스토옙스키의 통찰이다. 그러나 그가 알지 못했던 것은—어쩌면 자신의 악마적인 위험성 속에서 너무나 잘 알고 있었던 것은!—그 중간에 있는 세계, 곧 인간이 하나님이 되고 저편이 이편이 되는 세계, 인간이 "고릴라에서 초인까지" 발전하고 신과 같이 되는 꿈을 꾸는 세계다. 도스토옙스키는 서구 사회가 이런 우상 숭배적인 꿈을 꾸고 있다고 생각했다. 우리에게 잘 알려진 문화 발전이라는 형태로 구성되는 꿈이었다. 그 꿈은 온 인류가 동맹을 이룰 때까지, 아니 온 인류가 통합을 이룰 때까지 발전이 지속되다가 결국에는 하나님의 나라와 영원한 평화가 저절로 도래할 거라고 여겼다. 그리고 이제 도스토옙스키에게도 계획이 하나 자리 잡는다. 물론 그것도 프로메테우스적인 계획이다. 서구의 해로운 꿈이 밀려들어오지 못하도록 막아주는 높은 산성山城을 러시아에 세우는 것이다. 그렇게 해서 거룩한 러시아 민족이라는 어마어마한 구상이 나온다. 도스토옙스키 자신도 바야흐로 권력의 꿈을 꾸기 시작했다. 절대로 구현될 수 없는 것을 '무슨 일이 있어도 구현'하겠다는 꿈이었다. 절대로 실현될 수 없는 일이 러시아 민족이라고 해서 이루어지겠는가? **거룩한** 민족이라는 것은 존재하지 않는다. **러시아의** 그리스도는 존재하지 않는다. 우리 중 러시아에 열광하는 사람들도 이 점은 알고 있을 것이다. '대심문관'의 그리스도가 러시아에서 무슨 특별한 일을 계획하기라도 하셨다는 말인가?

도스토옙스키의 그로테스크한 환상이 서구의 백일몽보다는 나을 수도 있다. 왜냐하면 그 환상의 깊은 뿌리는—물론 그마저도 거인적인 반항심으로 변질되었지만—인류가 하나님 **없이**도 진보할 수 있다는 서구적 이념에 맞서기 위한 자기 방어에 있기 때문이다. 도스토옙스키의 정치적인 구상의 정점에서 정치를 넘어선 메시지, 곧 하나님에 대한 깊은 인식에서 나온 메시지가 터져 나온다. 그는 이것을 널리 전파하는 것이야말로 러시아의 거룩한 사명이라고 생각했다.

우리는 도스토옙스키의 결백을 주장하려는 것이 아니다. 그의 사상에서 이렇듯 엄청나게 돌출되어 있는 비정상적인 모습도 고스란히 그의 것이다. 우리가 인정하고 싶은 것은, 도스토옙스키 스스로가 모든 인간 안에 있는 반항적인 요소를 아주 많이 지닌 채로 살았으며 그것을 그토록 탁월하게 드러내 보여주었다는 점이다. 그런 점에서 도스토옙스키 본인이 자신의 작품 속에 등장하는 문제적 인물 가운데 하나였다고 말할 수 있다. 그는 성자가 **아니다**. 금욕주의자도 **아니다**. 고상한 사람도 아니고 오히려 악마적인 영혼이다. 그는 톨스토이가 **아니다**. 도스토옙스키다. 그는 이 세상의 이름을 가지고 있고 이 세상의 얼굴을 하고 있다. 그는 **인간**으로서 우리 앞에 서 있다. 그 역시 자신의 인간성을 통한 굴절 속에서만, 오로지 간접적인 방식으로만 우리의 도스토옙스키이다. 그 역시 하늘과 땅 사이에서 살아가는 인간의 처지에 대한 역설적인 인식을 통해서만 변호 받을 수 있는 존재, 오직 **하나님**을 통해서만 의롭다 여겨질 수 있는 존재다. 그는 자신의 작품 속 문제 상황에 깊숙이 들어가 있다. 그 위나 옆 어디쯤에 있는 것이 아니다. 바로 이것이 그의 인생, 그의 운명, 그의 인간적인 이미지에 특유의 위대함을 부여한다. 그의 얼굴은 그의 작품의 특징을 지니고 있으며, 그의 작품은 그의 얼굴의 특징을 지니고 있다. 도스토옙스키로부터 종교, 제의, 성인 숭배를 만들어내는 것은―메레지코프스키의 노력에도 불구하고!―불가능한 일이다. 그는 증인이지 메시아가 아니다. 그는 비유이지 실체 자체가 아니다. 바로 그렇기 때문에 그는 증인이며, 우리는 계속해서 그의 목소리를 듣게 될 것이다. 그는 암시로 가득하고, 비유로 가득하고, 의미로 가득하다! 바로 그렇기 때문에 그의 작품에 등장하는 (이 세상 모든 것이 그러하듯이) 허무하고 덧없는 요소들 속에서 **영원한 본질의 불멸성**이 드러나는 것이다. 도스토옙스키의 인생은 평생토록 그 불멸을 찾아 헤맸던 격정적인 탐구의 여정이었다.

옮긴이의 글
해제

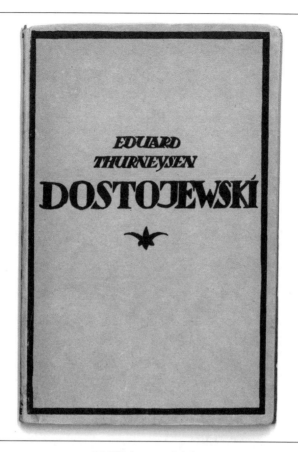

〈도스토옙스키*Dostojewski*〉제2판

옮긴이의 글

러시아의 화가 바실리 페로프가 그린 도스토옙스키 초상화를 가만히 들여다본다. 도스토옙스키의 이름이 있는 곳이라면 어디든 빠지지 않을 만큼 유명한 그림이다. 그림 속에는 오십 대 초반의 한 남자가 있다. 함부로 다가설 수 없는 단호함이 느껴진다. 말을 건넬 수가 없다. 그는 나와 눈을 마주치려 하지 않는다. 깍지 끼고 무릎 한쪽을 감싸 안은 두 손에서 단단한 의지는 더욱 도드라진다. 저 얼굴 속에서 무섭게 이글거리는 정신은 언제든 저 손가락이 풀리면서 마치 용암처럼 터져 나올 것이다. 무성하지만 왠지 쓸쓸해 보이는 수염 속에 고집스레 닫아둔 입이 살짝 드러난다. 보면 볼수록 두렵다. 위험하다. 저 눈이 나를 보는 순간을, 저 입에서 무슨 말이 나오는 순간을 피해야 한다. 그가 깍지 낀 손을 풀고 일어서서 나에게 다가오는 일이 벌어져서는 안 된다. 그러면 감당할 수 없는 일이 일어날 것이다. 절

바실리 페로프, 〈표도르 도스토옙스키〉, 1872, 캔버스에 유화, 99×80.5cm, 모스크바 트레티야코프 박물관 소장

대로 가까이 가지 말라, 특히 저 사람에게는!

젊은 날, 그렇게 맥없이 도스토옙스키에서 멀어져갔던 나를 다시 그에게로 데려가 마침내 그에게 온통 집중하도록 만드는 힘… 내가 투르나이젠의 《도스토옙스키》를 읽으면서 느낀 것은 바로 그 힘이었다. 첫 문장부터 마지막 마침표까지 팽팽한 긴장감이 감돌았다. 독자들이 도스토옙스키를 읽고, 그 안에서 자기를 읽게 되는 것만이 중요했다. 그것이 저자의 유일한 목적이었다. 그의 젊은 문체文體는 진부하고 상투적인 언어와 게으른 생각으로 쌓아올린 진지들을 깨뜨리며 파죽지세로 밀려 들어 왔다. 강력한 힘이었다.

투르나이젠의 글이 그처럼 강하게 느껴진 데는 이 책의 서체書體도 한몫을 했다. 현재 독일어권에서는 그저 장식용으로만 쓰이는, 그러나 백 년 전에는 가장 영향력 있는 독일어 활자체였던 프락투어Fraktur로 인쇄되어 있기 때문이다. 서부 유럽에서 12~16세기에 사용되던 글꼴이 독일어로는 더 오래 살아남아 전성기를 누린 것이다. 중세의 흔적을 간직한, 잔뜩 꺾이고 구부러지면서도 선을 굵게 유지한 서체, 프락투어로 빼곡한 지면을 보면 어지러웠다. 더더욱 정신을 집중해서 읽어 내려가야 했다. 서체와 문체가 하나로 어우러지면서 뿜어내는 정신의 힘

ᛗer von den Gestaden gesicherter Menschlichkeit etwa
der Vorkriegszeit her zu Dostojewski kommt,
dem muß zumute werden wie einem, der von der Anschauung
der Haustiere, des Hundes etwa und der Katze, der Hühner
oder der Pferde her plötzlich die Wildnis vor sich aufgehen
sieht und sich unvermutet der noch ungezähmten Tierheit
gegenüber findet, Jaguar und Puma, Tigern und Krokodil,
dem Gewürm der Schlangen und dem Geflatter der Stein-
adler und der Kondore. Unheimliche Wildheit, Fremdheit
Rätselhaftigkeit noch nicht bezwungener, noch nicht einge-
fangener und eingehegter, noch nicht durch hundertfache
Sicherungen gelähmter und gefesselter Natur umfängt ihn.
„Urweltlandschaft hat er betreten" (Stefan Zweig) ; weit zu-
rück liegen alle bewohnten, heimischen und milderen Gegen-
den. Er ist hinausgeführt über die äußersten Grenzpfähle,
die Enden der bekannten Menschheit und schaut mit Beklem-
mung das unbekannt-bekannte Antlitz eines Menschen, der
mit ihm wohl den Namen „Mensch" gemeinsam hat, und der
doch jenseits aller mit diesem Namen verbundenen Begriffe,
jenseits von Gut und Böse, klug und töricht, schön und un-

〈도스토옙스키〉
제2판에 인쇄된
프락투어

을, 그 충격을 제대로 느끼기 위해 때로는 소리를 내어 읽어야
했다.

에두아르트 투르나이젠의 이 책은 그렇게 소리 내어 읽으
면서 투르나이젠의 목소리를 듣게 되는 책이다. 실제로 이 책
은 1921년 4월 21일, 스위스 아라우 대학생 총회에서 투르나
이젠이 강연한 내용을 다듬어서 출간한 것이다. 그 당시 투르
나이젠의 나이는 불과 서른셋이었다. 스위스와 독일의 젊은 지
성인들이 당대의 탁월한 사상가들의 강연을 들으며 유럽의 미
래를 고민하는 자리에서 젊은 목사 투르나이젠의 목소리가 울

162

려퍼졌을 것이다. 스위스 사람 특유의 또랑또랑한 독일어 악센트로! 자신의 독창적인 사상이나 서구 유럽의 어느 사상이 아니라 러시아의 작가 도스토옙스키의 작품을 파고들며 얻어낸 깨달음을 동시대의 청년들에게 외쳤을 것이다. 도스토옙스키를 붙잡고, 동시에 그에게 붙잡힌 채 인간과 세상과 신의 문제를 치열하게 고민하자고 호소했을 것이다. 제1차 세계대전(1914~1918)이 남긴 처참한 상처로 악몽 같은 현실을 살아가고 있는 청년들, 미래에 대한 불안과 혼란스러운 현실 속에서 신음하는 청년들에게!

투르나이젠의 이런 외침은 과연 어떤 반향을 일으켰는가? 누가 그의 호소를 듣고 반응했는가? 지금 우리에게 알려져 있는 유일한 반향, 유일한 반응은 한 친구의 정신에서 일어났다. 스위스의 자펜빌이라는 시골 마을의 목사 칼 바르트Karl Barth(1886~1968)의 정신이 투르나이젠의 글에 뜨겁게 공명한 것이다. 1921년 8월 3일, 바르트는 친구 투르나이젠에게 편지를 썼다. "말이 나왔으니 말인데, 자네가 쓴《도스토옙스키》는 모든 장에서 내내 나에게 활력을 주었고 수많은 인용문을 주었다네. 나는 자네의 책에 강한 인상을 받아서 옴짝달싹 않고서 읽었다네. … 특히 마지막 부분의 엄청난 분석은 최고로 도움이 되었다네. 나는 그 부분을 계속해서 읽게 되네." 젊은 목사 칼 바르트는 친구의 자극을 받아 다시금 도스토옙스키를 붙잡고 씨름한다. 물론 그들의 대화와 서신 교환은 이미 수년 전부터 서로에게 결정적인 영향을 주고 있었다. 투르나이젠은 친구에게 계속해서 도스토옙스키를 가리켜 보여주었다. 바르트는 친구의 손가락이 가리키는 것을 바라보면서 무서운 집중력으로 자신의 글을 써내려갔다. 1921년 9월 26일, 마침내 바르트는 자신의 원고를 마무리했다. 그 두터운 원고 뭉치가 그 해 겨울에 출간되었으니, 그 책이 바로 《로마서Der Römerbrief》 제2판(1922)이다. "신학자들의 놀이터에 터진 폭탄"이라는 별명이 붙은 그 책이다. 《로마서》 제2판이 신학과 그리스도교 지성사에 일으킨 충격, 혹은 타격은 거대한 들불에 비견될 수 있다. 그런데 얼마나 많은 사람들이 알고 있을까? 그 불이 뜨겁게 타오를 수 있게 된 배경에는 투르나이젠의 《도스토옙스키》라는 결정적인 불쏘시개가 있었다는 사실을!

친구 칼 바르트가 《로마서》 제2판으로 단번에 세계적인 신학자의 대열에 올라서고 그 후로도 신학의 흐름을 주도하는 '20세기의 교부'로 우뚝 서게 된 것에 비하면, 에두아르트 투르나이젠의 학문적 성취는 미미해보일 수도 있다. 물론 투르나이젠도 바젤대학교의 실천신학 교수로 활동하며 후학을 가르쳤으며, 목회상담 영역에서는 '영혼 돌봄Seelsorge'이라는 개념을 통해 이론적인 단초를 놓는 데 크게 이바지했다. 그러나 투르나이젠이라는 이름은 바르트의 '친구'로 더 많이 알려져 있다.

내 마음은 나에게 이렇게 말한다. '그거면 충분하지 않은가!' 한 사람의 친구가 될 수 있다는 것, 그것만으로 충분하지 않은가? 그와 함께 의기투합하여 끈질기게 대화하면서 낡고 무뎌진 생각을—심지어 그것이 시대정신이라 할지라도—불태워 버린다. 삼엄하게 벼린 정신의 날로 어둠을 잘라내지만, 불필요하게 날을 세워 사람을 다치게 하지는 않는다. 서로를 깊이 존중하고 이해하되 과거의 성취에 안주하지 않도록 애정 어린 비판을 해줄 수 있는 친구! 칼 바르트는 지기知己 투르나이젠을 이렇게 소개한다. "투르나이젠은 다른 사람에게 무엇이든 배우는 비범한 천성의 소유자다. 어떤 사람을 만나더라도, 바로 그 사람에게 있는 무언가 배울 만한 점을 찾아내어 배우고, 그것이 자기 안에서 활기를 띠도록 하는 것이다. … 그러나 그가 상대방을 비판할 때는 그 비판이 확실하게 느껴지도록 한다. 그의 비판은 백이면 백 급진적인 비판이며, 현실에 깊이 내재된 비판이라서 비판 그 자체로도 위로와 큰 도움이 된다." 바르트는 그런 친구의 존재야말로 자신에게 '영혼 돌봄'이 되었다고 말한다. 비판을 통해서도 위로를 할 수 있는 친구라니, 얼마나 소중한 사람인가! 바르트는 또 말한다. "나에게 언제나 가장 큰 열망으로 남아 있는 것, 그것은 나의 행동에 대해 그의 판단을 듣고 싶은 열망, 그리고 내가 나아갈 방향을 (비록 내가 나의 별을 따라가듯이 그도 자기의 별을 좇아가고는 있지만) 항상 그를 보면서 가늠하고픈 열망이다. 나 자신을 제대로 이해하기 위해서는 그 친구를 이해하고 또 그 친구의 이해를 받지 않을 수 없었다. 누가 누구를 앞서간다는 말인가? 누가 누구 뒤를 따라간다는 말인가? 우리는 하나였다."

나는 그런 친구 투르나이젠의 글을 읽고 우리말로 옮길 수 있는 행복에 깊이 감사하며 기쁘게 번역에 임했다. 칼 바르트의 《로마서》 제2판을 번역한 이후에 투르나이젠의 이 책을 번역하게 된 것은 더더욱 뜻깊은 인생 선물이었다. 백 년 전의 우정, 한 시대의 등불처럼 타오른 그 우정의 증인이 되었다는 뿌듯함이 가슴을 채웠다. 투르나이젠의 《도스토옙스키》가 바르트의 《로마서》 제2판의 중요한 갈피마다 고스란히 스며 있음을 직접 확인하면서 열광했다. 두 책을 나란히 번역하게 된 것은 아무리 생각해도 놀라운 행운이었다.

시대와 시대 사이에서, 아픔과 아픔 사이에서, 혼돈과 혼돈 사이에서 중심을 잡기 위해서 필사적으로 노력하는 젊은 크리스천들에게 투르나이젠과 바르트가 나눈 것 같은 우정이 환하게 꽃을 피우는 모습을 그리며 기도한다. 우정의 독서, 독서의 우정을 통해 이 시대와 아픔과 혼돈을 뚫고 나가는 빛이 비쳐 들기를 기도한다.

창천감리교회의 청년들,
감리교신학대학교 신학생들에게
감사하며

2018년 10월

신촌에서

손성현

해제

[투르나이젠을] 만나면서 내가 받은 모든 인상을 한 단어로 집약한다면, 바로 개방성이다. … 그는 어떤 공식화된 입장이나 정형화된 흐름에 쉽게 얽혀 들어가지 않는다. 그의 생각이 어느 한 곳에 고착되는 일은 기대하기 힘든 일이다. … 그의 연구실과 그의 교회관과 세계관은 마치 노아의 방주와도 같았다. 온갖 동물이 들어와 멸망을 피하고, 마침내 하늘과 땅을 잇는 무지개의 표징이 나타나서 다시 그곳을 떠날 수 있었던 그런 방주 말이다.*

이 애정 어린 찬사는 스위스의 개혁주의 목회자이자 신학자인 에두아르트 투르나이젠의 《하나님의 말씀과 교회Das Wort Gottes und die Kirche》(1921)**에 칼 바르트가 남긴 서문에서 인용한 것이다. 20세기의 대표적 신학자였던 바르트의 높은 평가

• Karl Barth, "Geleitwort," in Eduard Thurneysen, *Das Wort Gottes und die Kirche* (München: Christian Kaiser Verlag, 1971[1921]), 227. 에버하르트 부쉬, 《칼 바르트》, 손성현 옮김 (서울: 복있는사람, 2014), 147~157에서 재인용.

•• 이 책은 투르나이젠이 10대 후반부터 20대 초반까지 12년 동안 자신이 쓴 논문과 연설문을 선별하여 출판한 것이다.

가 무색하게도 투르나이젠은 그가 남긴 업적이나 신학사적 중요성에 비해 여전히 우리에게 낯선 존재로 남아 있다. 투르나이젠은 1888년 스위스 발렌슈타트Walenstadt의 개혁주의 목사 가정에서 태어났다. 신학계에 널리 알려진 바르트와 그의 친밀한 관계 이전에는 아버지들 사이의 우정이 있었다. 두 아버지는 학창 시절부터 잘 알고 지냈고, 바르트의 아버지 결혼식에 투르나이젠의 아버지가 신랑 들러리를 섰으며, 둘 다 바젤에서 개혁주의 목사로 활동했다. 세대를 넘어 계속된 우정이 결국 현대 신학계에 큰일을 내고 말았던 셈이다.

투르나이젠은 스위스 바젤Basel에서 신학을 공부하기 시작했고, 이후 독일 문화개신교주의의 중심지 중 하나였던 마르부르크Marburg대학교에서 수학했다. 그러다 1911년에 스위스 취리히로 가서 약 2년간 CVJM(Der Christlicher Verein von jungem Mann, 영어로 YMCA에 해당함)을 위해서 일하면서, 스위스 종교사회주의 운동에도 열정을 가지고 관여했다.••• 그는 1913년 6월에 스위스 로이트빌Leutwil에 목사로 부임했고, 이때 옆 동네 자펜빌Safenwil의 목사였던 바르트와 우정을 쌓으며 신학적 교류를 하게 되었다. 1920년 브뤼겐Brüggen으로 목회지를 옮긴 투르나이젠은 1927년까지 그곳에 있으면서 바르트를 포

••• 교회사가 맥킴Donald McKim의 간략한 정의에 따르면, 종교사회주의는 "그리스도교와 하나님 나라에 대한 기대를 사회주의와 연합하고자 했던 20세기 유럽의 운동"이다. "religious socialism," in Donald McKim, *Westminster Dictionary of Theological Terms* (Louisville: Westminster John Knox Press, 1996), 236.

함한 젊은 학자들과 함께 변증법적 신학Dialektische Theologie[*]이라고 불리는 신학의 가능성을 모색했다.

1927년부터 1959년까지 투르나이젠은 스위스 바젤 대성당의 수석 목사직을 맡게 되었고, 1929년부터 바젤대학교에서 실천신학을 가르치게 되었다. 목회를 병행하다 보니 교수직을 부분적으로 수행할 수밖에 없었지만, 그 기간 투르나이젠은 강의와 연구, 저술을 계속하면서 목회 현장과 교단을 부단히 연결하는 작업을 했다. 일례로 (약간의 과장을 보태어) 바르트의 《교회교의학Die Kirchliche Dogmatik》에 비견된다고도 평가하는 투르나이젠이 쓴 실천신학의 대작《영혼 돌봄에 관한 가르침 Die Lehre von der Seelsorge》(1946)[**]이 바로 이 시기에 집필되고 출판되었다. 이 책은 영역본이 나오기 전에도 이미 북미 신학교에서 실천신학과 독일어 교재로 널리 사용된 것으로 유명하다.[***] 은퇴 후 그는 함부르크, 부퍼탈, 베를린에서 강의를 했고, 1974년 그의 생애 대부분을 지낸 바젤에서 숨을 거뒀다.

약 50년 동안 목회와 신학을 병행한 경력과 설교학에 대한 전문성을 반영하듯, 투르나이젠은 순전히 이론적인 책보다는 교회에서의 실천과 밀접히 관련된 설교와 신앙고백, 주의 만

• 변증법적 신학은 바르트와 투르나이젠이 다른 젊은 독일어 사용권 신학자들과 함께 20세기 초에 전개했던 움직임이다. 맥킴은 다음과 같이 변증법적 신학을 정의한다. "신적 진리의 역설적 성격을 강조하는 신학 운동이다. 따라서 하나님은 동시에 은혜이자 심판이시다. 위기의 신학이라 불리기도 한다." "dialectical theology," in McKim, *Westminster Dictionary of Theological Terms*, 76~77.

찬에 관한 글 등의 저술을 여럿 집필했다. 그리고 야고보서, 빌립보서, 요한복음 서문, 산상설교 등 성서 본문을 해석한 작품도 적지 않게 남겼다. 투르나이젠과 바르트의 우정은 둘의 공동 작업을 통해 결실을 보기도 했다. 둘은 3권의 설교집을 함께 만들었고,[****] 변증법적 신학을 소개하던 〈시간과 시간 사이Zwischen den Zeiten〉(1923~1933)를 정기적으로 편집했고, 1933년부터 1936년까지는 〈오늘의 신학적 실존Theologische Existenz Heute〉을 함께 간행했다. 투르나이젠과 바르트가 주고받은 약 1,000편의 편지를 포함한 엄청난 양의 글은 편집자들의 손길을 거쳐 출간되어, 지금도 20세기 초중반 신학을 파악하는 데 중요한 역사적 자료로 긴히 사용되고 있다.

투르나이젠이 남긴 작품 중 가장 잘 알려진 것은 아마 그의 초기 작품 《도스토옙스키Dostojewski》(1921)와 목회신학의 고전으로까지 칭송되는 《영혼 돌봄에 관한 가르침》일 것이다. 그런데 《도스토옙스키》를 읽고서 이후에 집필된 작품들을 접하면 젊은 투르나이젠이 러시아 작가와의 대화를 통해 발전시켰던 사고가 그의 생애에 지속적인 영향을 끼치고 있는 것을 발견할 수 있다. 이뿐만이 아니라 정교회 신자였던 도스토옙스키

•• 한국어 번역본은 다음과 같다. 에드워드 투르나이젠, 《목회학원론》, 박근원 옮김 (서울: 한국신학연구소, 1975).

••• Wayne E. Oates, Review of *A Theology of Pastoral Care*, by Eduard Thurneysen, *Theology Today* 19/4 (1963), 551 참고.

•••• *Suchet Gott, so werdet ihr leben*[하나님을 찾으라, 그러면 너는 살 것이다](1917), *Komm Schöpfer Geist*[오소서 창조주 성령이여](1924), *Die Große Barmherzigkeit* [큰 자비](1935).

는 개혁주의 목회자 투르나이젠을 통해 자신이 상상도 하지 못했던 방식으로 현대 개신교 신학에 파문을 일으켰다. 그런데 도스토옙스키와 투르나이젠의 관계를 제대로 파악하려면 또 다른 위대한 사상가 한 명을 함께 고려해야만 한다. 그는 바로 투르나이젠의 오랜 친구이자 20세기 신학에 한 획을 그었던 칼 바르트이다.

20세기 초 유럽의 신학을 뒤흔들 우정의 탄생

투르나이젠과 바르트의 관계를 잘 알고 있는 사람은 투르나이젠이 없었다면 바르트의 대표작《로마서Der Römerbrief》가 존재하지 않았을 수도 있다고 말하기도 한다. 그런데 마찬가지로 바르트 없이 투르나이젠의《도스토옙스키》를 논하는 것도 거의 불가능하다. 둘은 1906년 바젤에서 신학을 공부하기 위해 만났고, 1909년 마르부르크에서 재회하였다. 하지만 1913년 투르나이젠이 로이트빌에 부임하면서, 옆 동네에서 목회하던 바르트와 본격적으로 우정을 쌓아가게 된다.

고국인 스위스로 돌아오면서 독일의 엘리트 신학교육 커리

큘럼에서 자유로워진 20대 중반의 두 열정적 지성은 함께 엄청나게 책을 읽었고, 심각하게 고민했고, 치열하게 토론했다. 그러면서 자기들도 잘 인식하지 못하는 사이 20세기 그리스도교 세계에 큰 영향을 끼치게 될 '변증법적 신학'이라 불리는 새로운 흐름을 예비하고 있었다. 바르트와 투르나이젠은 수년간 엄청난 양의 편지와 엽서를 주고받았고, 자전거나 도보로 왕래하면서, 그들의 목회적인 상황 이면에 놓여 있는 근원적인 신학적 문제를 함께 파악하고 해석하려고 하였다. 그들은 서로의 설교를 비평적으로 평가하고, 각자가 공부한 내용을 교류하고, 길고도 느린 신학적 대화를 뜨겁게 펼쳤다. 당시 이들의 사상은 어느 것이 바르트의 것이고 어느 것이 투르나이젠의 것이라고 구분하기가 몹시 힘들 정도로 긴밀히 결합되었다. 대표적인 예가 1917년 이후 바르트와 투르나이젠이 함께 출판한 세 편의 설교집이다. 이들은 상대편이 쓴 설교에 완전히 동의할 때까지 원고를 꼼꼼히 읽고, 비판적으로 평하고, 건설적으로 수정하였다. 그렇기에 세 편의 설교집은 두 명이 공동 저자로 표기되어 있지, 각각의 설교가 원래 누구의 작품인지는 표시를 하지 않았다.

바르트와 투르나이젠이 우정을 쌓기 시작한 1910년대 초반

스위스는 제1차 세계대전을 앞두고 정치·경제적으로 몹시 혼란스러웠고, 특별히 바르트가 목회했던 산업도시인 자펜빌의 경우는 빈부 격차와 노동자의 빈약한 처우가 시급한 사회적 문제였다. 이 위기에 대한 정치·사회적 해법도 필요했지만, 교회의 목회적 개입이 절실히 필요한 상황이었다. 로이트빌에 투르나이젠이 부임하기 이미 2년 전에 자펜빌에 오게 된 바르트는 사회주의에 상당히 물든 상태에서 친구를 맞이하였다. 바르트가 이후에 밝혔듯 투르나이젠이 없었다면 바르트는 사회주의에 경도된 그저 그런 시골 동네 목사로 남았을지도 모른다.•

목회 현장에서 사람들의 실제 삶을 접하면서 투르나이젠과 바르트는 유럽의 최고 수준의 대학교에서 습득한 지성적이고 문화적인 개신교 신학으로는 자신들이 경험하는 현실의 곤란에 적절히 반응할 방법을 찾지 못했다. 두 젊은 목사는 스위스의 종교사회주의를 통해 19세기 유럽의 부르주아적인 신학에서 벗어날 일차적인 돌파구를 찾긴 했지만, 자신들만의 신학적 관점을 형성하거나 허물어져가는 옛 세계에서 벗어나도록 도와줄 변혁적인 사상은 아직 발견하지 못한 상황이었다. 그때 예기치 않게 접하게 된 19세기 러시아인의 글이 이들의 사상적 도약을 가능하게 하는 발판이 되어주었다.

• 스위스의 자펜빌과 로이트빌을 오가며 쌓았던 바르트와 투르나이젠의 우정은 바르트의 전기에 잘 요약되어 있다. 부쉬, 《칼 바르트》, 145~149.

도스토옙스키, 바르트, 투르나이젠

1915년 8월 18일에 투르나이젠에게 보낸 편지에서 바르트는 자기가 하루 종일 도스토옙스키의 《죄와 벌》을 읽었다며, 이 러시아 작가를 완전히 알고 싶다는 욕망을 비쳤다. 자펜빌의 친구가 러시아 대문호에 관심을 가지도록 하는 데 성공한 투르나이젠은 이후 몇 년간 《카라마조프가의 형제들》과 《악령》을 포함한 여러 주요 작품을 소개했다. 또한 (바르트의 기억이 맞다면) 도스토옙스키의 《죄와 벌》을 기점으로 그들은 루터와 칼뱅, 키르케고르를 수년간 차례로 읽고 함께 토론하며 이전 세대와 구별되는 신학적 사고를 발전시키게 된다. 이러한 공동의 학습 과정과 결과는 1921년에 탈고한 바르트의 문제작 《로마서》 2판에 고스란히 드러난다. 바르트가 루터와 칼뱅의 성서 해석 방식을 재발견하면서 《로마서》를 집필했다고 흔히 알려졌지만, 서문에서 그는 자신의 새로운 성서 해석에 지대한 영향을 끼친 사상가로 키르케고르와 도스토옙스키를 먼저 언급한다.[**] 1933년에 처음 출간된 영어판의 색인을 기준으로 볼 때 《로마서》에서 언급되는 빈도수가 가장 높은 인물은 루터도, 칼뱅도, 키르케고르도 아닌 도스토옙스키이다![***]

[**] 칼 바르트, 《로마서》, 손성현 옮김 (서울: 복있는사람, 2017), 90과 96~97을 비교해보라. 서문에서 바르트는 투르나이젠을 통해 도스토옙스키를 소개받았음을 밝힌다.

[***] 영어판 색인에는 도스토옙스키가 19회, 키르케고르가 12회, 루터가 9회, 칼뱅이 5회 등장한다. Karl Barth, *The Epistle to the Romans*, trans. Edwin C. Hoskyns (Oxford: Oxford University Press, 1972), 545~546.

독일어권 신학에서 아직 낯선 이름이던 도스토옙스키는 주목받는 젊은 신학자로 떠오르던 바르트의 강연과 저작 활동을 통해 목회자와 신학자에게 간접적으로 영향을 끼치게 되었다. 아직은 바르트만큼 대중의 시선을 끌지는 못했지만, 투르나이젠 역시 이 시기에 자신 나름의 신학적 사고와 언어를 형성하고 있었다. 바르트와 함께 성서로부터 시작되는 신학, 교회의 삶이 삼투된 신학, 사회경제적 문제를 가식 없이 직면하는 신학을 찾고자 분투하면서도, 투르나이젠은 도스토옙스키의 소설을 더욱 집요하게 파고들어갔다. 약 5년간의 연구와 토론과 글쓰기의 결실로 투르나이젠은 1921년에 스위스 아라우 대학생 총회Aarauer Studentenkonferenz에서 도스토옙스키에 관한 강연을 했다. 이는 신학사적으로 볼 때 매우 상징적인 사건이라 평가할 수 있다.

아라우 대학생 총회는 현대 신학의 최첨단 주제를 발표하고 토론하는 정기 행사였다. 1910년 당시 마르부르크의 신학에 깊이 영향을 받고 있던 투르나이젠은 이 행사에 깊은 열정과 관심을 가지고 참가했다. 특별히 이 해에는 빌헬름 헤르만 Wilhelm Herrmann, 에른스트 트뢸치Ernst Troeltsch, 요하네스 바이스Johannes Weiß 등 당시 독일 지성계를 주름잡던 신학자들이 강사로 초청받았다. 높은 수준의 강연과 토론에 긍정적인 인상을 받은 투르나이젠은 이 신학 모임을 매우 소중히 여겼고, 이후 바르트와 함께 아라우 대학생 총회를 자신들의 사고를 발전시키고 인맥을 형성하는 중요한 거점으로 삼았다. 1912년 이후 총회에서는 고전적 자유주의 신학에 비판적이었던 종교사회주의에 대한 신학적인 토론이 활발히 일어났고, 투르나이젠과 바르트를 포함한 새로운 세대에게 깊은 영향을 끼치게 되었다. 두 친구는 이후 변증법적 신학을 함께 전개할 또 다른 젊고 총명한 스위스 신학자 에밀 브루너Emil Brunner(1889~1966)를 이곳에서 만나기도 했다.

이후 약 10년의 세월이 흘렀다. 바르트와 투르나이젠은 강단 신학에서 벗어나 지역 교회의 목회자로 수년간 헌신하였다. 그 사이에 세계대전이 일어났고, 유럽의 정치와 경제는 혼란스러웠고, 사람들은 현실을 새롭게 이해하게 해줄 언어와 논리를 찾아 헤맸다. 이런 상황에서 바르트와 투르나이젠은 자유주의자 스승들이 강연했던 바로 그 아라우 대학생 총회에 각각 연사로 서게 되었다. 그 자리에서 그들은 인간의 종교심, 문화, 역사, 윤리가 아니라, 하나님의 은혜와 말씀으로부터 시작하는 신학을 전개했다. 그리고 두 친구의 기념비적인 강연 이면에는 도스토옙스키가 서 있었다. 물론 이 러시아 작가는 1920년의 바르트의 원고 뒤에는 은밀히, 1921년의 투르나이젠의 원고 뒤에는 더욱 노골적으로 자리잡고 있었다. 여담으로 덧붙이자면 1920년 4월 27일 아라우에서는 19세기 후반 자유주의 신학의 상징적인 존재였던 하르나크Adolf von Harnack와 20세기 초 새로운 신학적 목소리의 대변자인 바르트가 앞뒤로 강연했다. 이날 하나님의 초월성을 강조하면서 인간에 대한 신적인 긍정과 부정의 변증법적 관계를 상정하는 옛 제자 바르트에게 하르나크가 큰 충격을 받았다고 전해진다. 이후의 학자들은 아라우에서 일어난 하르나크와 바르트의 갈등을 이전 세대와 오는 세대가 충돌한 교회사적 사건이라고 평가하기도 한다.

투르나이젠의 《도스토옙스키》

제1차 세계대전은 이전 세대가 쌓아 올린 낡은 유럽 문명을 깨부수는 사건이었다. 19세기 유럽의 찬란한 지성이 자랑하던 학문과 종교는 문명화된 그리스도교 국가들끼리 서로를 대량 살상하는 비이성적인 혼란과 광기 앞에서 속수무책이었다.

• 1920년 4월 27일에 이뤄진 바르트의 강연 제목은 '성서적 질문, 통찰, 전망Bibliche Fragen, Einsichten und Ausblicke'이다. 이 강연의 역사적 상황에 관해서는 다음을 참고하라. 부쉬, 《칼 바르트》, 207~208.

1918년, 수년을 끌어온 전쟁이 드디어 끝나자 '이제 어떻게 살아야 할 것인가'를 놓고 서로 다른 생각과 구호가 난무하는 혼란이 밀려올 수밖에 없었다. 세계대전이 남긴 충격의 여파는 특별히 리츨Albrecht Ritschl, 하르나크, 트뢸치, 헤르만 등 고전적 자유주의 신학자들이 서유럽 대학과 교회에 남겼던 짙은 흔적을 지워갔다. 젊은 목회자와 신학도는 이전의 신학적인 틀로는 이성과 광기가 공존하는 현실을 제대로 파악하기도 설명하기도 힘들다는 것을 눈치챘다. 그렇다고 당시 그들을 인도할 적절한 신학적 대안이 있는 것도 아니었다.

하지만 위기는 또 다른 기회라고 했던가? 세계대전이 만들어낸 균열의 틈으로 새로운 신학의 가능성이 엿보였다. 그것은 인간성의 깊은 어둠을 부정하는 것이 아니라 그것을 가식 없이 응시하면서, 깨어지고 부서진 인간을 찾아오는 신적 자비에서 희망을 찾는 신학이었다. 이 미지의 영역으로 바르트와 투르나이젠을 필두로 젊은 신학자 무리가 발을 내딛고자 했지만, 그 한 발짝을 위해서는 자유주의 신학의 대가들에게 배우지 못한 통찰을 던져줄 누군가가 절실히 필요했다. 바로 그때 바르트와 투르나이젠은 도스토옙스키를 만났다.

1928년 4월 목회자를 대상으로 한 '개신교회에 대한 질문으로서의 로마 가톨릭주의Der römische Katholizismus als Frage an die protestantische Kirche'라는 제목의 강의에서, 바르트는 당시 개신교에 미치고 있는 도스토옙스키의 영향력을 다음과 같이 평가한다.

우리는 죄에 관한 슐라이어마허와 리츨의 가르침을 토론하는 것을 선호해서는 안 된다. … 죄인에 대한 값없는 용서, 심판 속의 은혜 외에 다른 은혜가 없다는 통찰이 어디에 보존되어 있던가? 우리가 러시아인 도스토옙스키 덕분에 이러한 진리를 다시 들어야 한다는 것이 수치스럽지 않은가? 도스토옙스키보다 이 진리를 더 잘 이해했던 우리의 종교개혁자들에게 듣기를 거부한다면, 우리가 여전히 개신교라고 할 수 있는가?*

당시의 신학적 상황을 향한 비판에서 우리는 흥미롭게도 한 '러시아인'이 남겼던 결정적 영향이 무엇이었는지를 간접적으로 발견할 수 있다. 바르트와 투르나이젠은 도스토옙스키의 사상 중에서도 특별히 '인간의 죄와 용서의 은혜'의 대립이 자아내는 긴장에 집중했고, 이는 그들의 설교와 저작뿐만 아니라 변증법적 신학 전체에 있어서도 핵심 주제가 되었다.

* Karl Barth, "Roman Catholicism: A Question to the Protestant Church," in *Theology and Church: Shorter Writings 1920~1928*, ed. Thomas F. Torrance, trans. Louise P. Smith (London: SCM, 1962), 328.

그렇다면 왜 하필 바르트와 투르나이젠은 도스토옙스키의 넓디넓은 문학 세계에서 죄와 은혜의 관계에 특별히 관심을 두었을까? 이들이 도스토옙스키의 문학 세계로 빨려들어 가게 된 계기는 다름 아니라 1915년에 접했던 《죄와 벌》이었다. 오늘날에는 독일에서 이 작품의 제목을 '죄와 벌'에 근접하게 'Verbrechen und Strafe'로 번역하곤 하지만, 바르트와 투르나이젠이 읽었던 옛 번역본은 신학적 함의가 매우 강한 '죄와 속죄'라는 뜻의 'Schuld und Sühne'라는 제목으로 출간되었다.[••] 스위스에서 이 책을 집어 든 두 친구의 의식과 언어 속에 들어온 '죄와 속죄'의 대립 구도는 사고의 방향과 글쓰기 방식에 즉각적으로 영향을 발휘했다.[•••] 도스토옙스키에게서 이들은 '죄의 굴레를 벗어나지 못하는 인간'과 '인간을 용서하는 하나님의 은혜' 둘 중 하나를 택하며 대립을 해소하기보다는, 둘 사이의 긴장을 사유와 언어 속에서 생동적으로 포착하는 '변증법적' 방식을 배웠다. 달리 표현하자면, 여기에 인간이 있고, 저기에 하나님이 계시다. 여기와 저기 사이의 간격을 넘을 수 있는 인간의 방법은 없다. 인간의 정의는 이 땅에 편만하나, 오히려 현실을 병들게 해왔다. 하나님의 정의는 희망 없는 세상에 희망이 되나, 우리의 눈에 숨겨져 있고 우리로서는 획득할 수

•• P. H. Brazier, *Barth and Dostoevsky: A Study of the Influence of the Russian Writer Fyodor Mikhailovich Dostoevsky on the Development of the Swiss Theologian Karl Barth, 1915~1922* (Eugene: Wipf & Stock, 2007), 32~33 참조.

••• 대표적 예로 다음을 참고하라. 바르트, 《로마서》, 218.

도 없다. 그런 의미에서 신에게 이르려는 인간의 경건이나 이상 사회를 성취하려는 노력은 불순종이요 반역이다. 이 세상의 어떤 것도 하나님으로 이끌지 못한다. 오직 하나님께서 인간을 이끄셔야 한다. 바르트와 투르나이젠은 죄인과 은혜의 하나님 사이의 대립에서 발생하는 이러한 팽팽한 긴장감을 가지고 인간이 처한 상황을 분석했고, 종교와 문명을 비판했고, 하나님과 인간의 관계를 이해했다. 옛 시대와 새 시대 사이에 끼어 방황하던 전후의 젊은 세대들은 이러한 역동성 속에서 낡아버린 세계를 심판하면서도, 여전히 인간에게 늘 새롭게 찾아오시는 하나님을 희망할 수 있었다.

1915년 이후 여러 계기를 통해 파편적으로 공개되던 도스토옙스키에 관한 투르나이젠의 신학적 독해는 결국 1921년 4월 21일 스위스 아라우 대학생 총회 강연에서 더욱 체계적인 형식과 충실한 내용으로 대중들에게 소개되었다. 투르나이젠은 강연 내용을 다듬어 5개의 장으로 이루어진 단행본을 《도스토옙스키》라는 제목으로 그해에 출간했다. 이 책은 도스토옙스키 문학의 신학적 전유의 사례를 보여주는 흥미로운 선구적 작품이자, 현대 신학을 이해하는 데 있어서 필수적인 자료로 곧 자리잡게 되었다. 독일어 원서로는 77쪽밖에 안 되는 얇은 책은 즉각적으로 독일어 사용권을 넘어 세계 곳곳에 영향을 끼쳤다. 《도스토옙스키》는 다음 해에 독일어로 재판에 들어갔고, 그 후에도 판을 거듭하며 인쇄되었다. 네덜란드어 번역본은 1928년, 이탈리아어 번역본은 1929년, 일본어판은 1933년, 프랑스어판은 1934년, 영어판은 상대적으로 늦은 1964년에 출판되었다.* 한국어로는 1983년 종로서적에서 《도스토예프스키》라는 제목으로 출간되었다가 절판되고, 2018년 지금 원서가 처음 출간된 지 100년이 되어가는 시점에 다시 나오게 되었다.

투르나이젠의 《도스토옙스키》를 소개하는 불성실한 글을 훈훈하게 마무리하고자 필자 개인의 기억 한 조각을 소개했으면 한다. 박사과정 중에 있던 친구들끼리 정기적으로 독서 모임을 가지던 때였다. 쇠렌 키르케고르, 마르틴 하이데거, 칼 바르트, 디트리히 본회퍼, 시몬 베유 등 다양한 주제로 논문을 쓰고 있던, 세계 각국에서 온 학생들이 만족할 만한 공통의 관심사를 찾기가 쉽지 않았다. 그러다 결국 모두의 논문과 무관하지만, 또 동시에 모두에게 도움이 될 만한 투르나이젠의 《도스토옙스키》를 읽기로 했다. 박사과정생의 고된 일상에 부담이 되지 않는 얇은 분량이 모두의 동의를 끌어내는 데 무엇보다도 크게 기여했다. 그런데 별로 기대하지 않고 시작된 책 읽기 모임이

• Brazier, *Barth and Dostoevsky*, 108의 각주 1을 참고하라.

진행될수록 모두가 점점 투르나이젠에게 설득되어갔다. 결국 모임을 마무리할 때, 한 친구가 무릎을 탁 치며 "그래, 이게 바로 신학이지!"라고 외쳤다. 정교하고 치밀한 학술적 신학에 지치고 불안한 미래 때문에 중압감에 눌려 있던 젊은 신학도들에게 이 책은 신학이 무엇이고 신학은 어떻게 하는지에 대한 감각을 다시 일깨워줬다.

그때의 감동과 깨달음을 한국의 그리스도인도 맛보았으면 하는 마음을 계속 품고 있다가, 때가 무르익었을 때 늘 존경해왔고 번역자로 가장 신뢰하던 손성현 박사님께 이 책을 소개했다. 투르나이젠의 《도스토옙스키》와 함께 잉태되어갔던 바르트의 《로마서》를 한국어로 훌륭히 바꾸셨기에, 누구보다도 이 책을 번역하는 데 적임자라는 믿음도 있었다. 아니나 다를까 이번에도 손성현 박사님은 투르나이젠 사상의 역동성을 잘 살리면서도, 이를 유연하면서도 호소력 짙은 문장으로 만들어내시며 수준 높은 신학 번역의 모범을 다시 한 번 보여주셨다. 한 줄 한 줄 읽어 내려가다 보면 행간에서 도스토옙스키에 사로잡혀 경이의 숨결을 내뱉는 투르나이젠과, 그러한 친구를 응시하고 있는 바르트의 모습이 느껴질 정도이다.

혼란하고 좌절스러운 상황 속에서도 인간됨의 역설을 끌어

안으면서 희망을 품는 법을 가르쳐줬고, 현대 신학의 흐름을 바꾸는 데 조용하지만 묵직하게 기여했던《도스토옙스키》가 우리에게 선물처럼 주어졌다. 이 책을 통해 많은 이가 깨달음과 영감을 얻기를 바라지만, 그 전에 한 위대한 러시아 작가를 기가 막히게 해석해낸 창조적인 작품을 읽는 즐거움부터 만끽하기 바란다. 문장 하나하나에서 깊은 의미를 발견해나가며 꼼꼼히 읽기를 권하지만, 이 책이 투르나이젠과 바르트의 우정의 산물인 만큼 책에서 얻은 감동을 서로 나누는 기쁨도 풍성하기를 바란다. 그리고 이 책을 통해 독자들이 가식과 기만이 넘쳐나는 현실 속에서도 삶의 중심을 잃지 않는 법을 배우기를 소망하지만, 무엇보다도 나와 너의 약함과 실수에도 불구하고 우리를 먼저 찾아오시는 은혜의 하나님을 새롭게 만나는 계기가 되기를 바란다.

김진혁(횃불트리니티신학대학원대학교 조직신학 조교수)

투르나이젠 연보

1888 7월 10일 스위스 발렌슈타트에서 출생. 목사 집안에서 쌍둥이 중 둘째로 태어남. 쌍둥이 형은 태어난 지 3개월 만에 세상을 떠남.

1891 어머니가 돌아가심. 그 후 바젤에서 자람.

1904 크리스토프 블룸하르트를 만남. 블룸하르트는 이후 투르나이젠에게 지속적인 영향을 끼침.

1907 바젤에서 신학 공부를 시작. 그 후 마르부르크대학에서 수학함.

1911 취리히로 가서 약 2년간 CVJM에서 일하면서 스위스 종교사회주의 운동에도 열정을 가지고 관여함.

1913 목사 안수를 받고 스위스 로이트빌에 부임. 그곳에서 8년간 목회를 함. 이때 옆 동네 자펜빌의 목사였던 바르트와 본격적으로 우정을 쌓으며 신학적 교류를 하게 됨.

1916 마르그리트 마이어와 결혼. 이후에 5남매를 자녀로 둠.

1920 브뤼겐으로 목회지를 옮김. 1927년까지 그곳에 있으면서 바르트를 포함한 젊은 학자들과 함께 변증법적 신학이라고 불리는 신학의 가능성을 모색함.

1921 《도스토옙스키》출간.

1923 바르트와 함께 〈시간과 시간 사이〉 창간. 이 저널은 1933년까지 간행됨.

1927	《하나님의 말씀과 교회》출간. 바젤 대성당의 수석 목사로 청빙됨. 이곳에서 1959년까지 일함.
1929	바젤대학교에서 실천신학을 가르치기 시작.
1933	〈오늘의 신학적 실존〉을 창간. 이 저널은 바르트와 1936년까지 함께 편집하다, 그 후 1939년까지 홀로 간행. 이후 카를 게르하르트 슈텍이 1941년 폐간 때까지 편집.
1941	바젤대학교 실천신학 부교수(außerordentlicher professor)가 됨.
1946	《영혼 돌봄에 관한 가르침》출간. (《목회학원론》으로 한국신학연구소에서 역간.)
1959	공직에서 은퇴함.
1960~1963	함부르크, 부퍼탈, 베를린에서 강연.
1968	《영혼 돌봄의 구체적 실천》출간. (《목회학실천론》으로 한국신학연구소에서 역간.)
1974	8월 21일 바젤에서 85세의 나이로 타계.
1978	생전에 했던 22편의 장례식 설교를 모아 제자 루돌프 보렌이 《그분의 손 안에》라는 제목으로 펴냄. (《그 거룩하신 품 안에》로 한국신학연구소에서 역간.)

DOSTOJEWSKI